ESSAI

SUR LA VIE ET LES DOCTRINES

DE

FRÉDÉRIC CHARLES DE SAVIGNY.

Imprimerie d'HIPPOLYTE TILLIARD, rue St- Hyacinthe-St-Michel, 30.

ESSAI

SUR LA VIE ET LES DOCTRINES

DE

FRÉDÉRIC CHARLES DE SAVIGNY

PAR ÉDOUARD LABOULAYE

Tu duca, tu signore, e tu maestro.
DANTE, *Cantica* I, c. 2.

Paris

A. DURAND, LIBRAIRE, | JOUBERT, LIBRAIRE,
3, rue des Grès. | 14, rue des Grès.

BROCKHAUS et AVENARIUS, 60, rue Richelieu.

LEIPSIG, même maison.

1842.

A

M. LE DOCTEUR J. C. BLUNTSCHLI,

PROFESSEUR ORDINAIRE A L'UNIVERSITÉ DE ZURICH;

M. LE DOCTEUR C. G. HOMEYER,

PROFESSEUR ORDINAIRE A L'UNIVERSITÉ DE BERLIN;

M. LE DOCTEUR L. A. WARNKOENIG,

PROFESSEUR ORDINAIRE A L'UNIVERSITÉ DE FRIBOURG.

CHERS MESSIEURS,

C'est à vous, disciples dévoués et fidèles amis de M. de Savigny, que j'adresse ces pages pleines d'un nom vénéré. En essayant de faire mieux connaître à la France les doctrines de l'École historique, j'ai cru faire un nouveau pas vers le but constant de mes travaux, je veux dire l'union scientifique de la France et de l'Allemagne, prélude d'une autre alliance que j'appelle de tous mes vœux.

Il m'a semblé que l'exposé de la vie et des doctrines de M. de Savigny pourrait aider à ce rapprochement des deux nations; car M. de Savigny, j'ose le dire, ne vous appartient pas tout entier. La naissance vous l'a donné, et son érudition a toute la profondeur de la science allemande; mais nous ne pouvons oublier ni l'origine de ses aïeux, ni cette clarté toute française qu'il a portée dans une science qui trop souvent a tiré vanité d'une obscurité prétentieuse et d'une barbarie affectée. Enfin, le dirai-je? aujourd'hui nous avons plus grand besoin des doctrines de M. de Savigny que l'Allemagne elle-même. Dans l'agitation où nous ont laissé tant de révolutions précipitées, il nous faut une théorie qui donne quelque point solide où puissent se poser nos intelligences agitées. Mais pour obtenir cette règle, qui nous est nécessaire, rien ne vaut l'étude des origines nationales, quand cette étude est faite en vue du présent, et dans l'esprit de l'École historique. Un peuple qui, loin de mépriser le passé, y cherche avec amour l'origine et la filiation de ses institutions, est un peuple chez lequel les révolutions s'arrêtent et font place à un nouvel ordre social. Que n'en sommes-nous là !

Tout ce qu'il y a de vie dans les doctrines historiques, vous le savez, chers Messieurs, vous qui avez l'exemple des vingt-cinq dernières années, et qui avez noblement combattu sous le drapeau de M. de Savigny ; mais, en France, le gouvernement l'ignore, et nos savants ont plutôt le sentiment que la connaissance parfaite de cette vérité ; aussi, si je pouvais réussir à répandre dans mon pays et les idées et l'esprit de l'École historique, je croirais, tout obscur que je suis, n'avoir pas rendu un médiocre service à mes concitoyens. Quelle que soit la main qui la sème, tôt ou tard une bonne idée germe et donne ses fruits... C'est là ma plus ferme espérance.

Pour vous, chers Messieurs, vos encouragements sont venus me chercher au milieu de mes premiers combats pour une cause si belle, ils ne me manqueront pas, je l'espère, dans la suite de mes travaux ; car je considère comme ma plus douce récompense, cette sympathie établie par la communauté des idées, et qui fait de deux hommes inconnus l'un à l'autre, séparés par les distances, par le langage, par le gouvernement, deux amis qui, malgré tous ces obstacles, se comprennent, s'encouragent, et se soutiennent, dans leur marche commune vers un même but.

Adieu, chers Messieurs, et aimez-moi comme je vous aime,

Votre tout dévoué,

ÉDOUARD LABOULAYE.

FRÉDÉRIC CHARLES DE SAVIGNY.

En France on ne se fait pas une juste idée du rang que la jurisprudence est appelée à tenir parmi les connaissances humaines. Pour le plus grand nombre, le Droit n'est rien de plus que l'art d'interpréter logiquement la parole du législateur; c'est une science professionnelle, bonne pour le juge, l'avocat ou l'étudiant, mais qui n'intéresse personne en dehors de l'École ou du Palais. Cette fausse opinion, qui prend le but pratique de la science pour la science elle-même, a exercé sur le développement du Droit la plus fatale influence. Nos jurisconsultes, absorbés comme les juristes anglais, dans l'étude exclusive de la loi et des précédents, sont restés volontairement étrangers au mouvement de régénération, qui, depuis quelques années, a renouvelé en France l'histoire et la philosophie; et par une fâcheuse, mais inévitable conséquence, l'histoire et la philosophie, tenues en dehors de la jurisprudence, ont perdu à cette rupture leur plus vaste champ d'études et d'applications.

Un tel isolement, s'il devait durer, serait mortel pour toute science, et surtout pour la jurisprudence, qui, privée de ses appuis naturels, descendrait, pour ne plus se relever, aux proportions d'un métier; mais heureusement, de nos jours, toutes les connaissances sont solidaires, et le progrès de l'une force le développement de l'autre. En ce moment, tout présage que nous approchons de l'époque désirée, où la philosophie, l'histoire, et la jurisprudence, intimement unies, marcheront ensemble, et la main dans la main, vers le but commun de leurs efforts, l'amélioration de la condition humaine. Déjà l'histoire a fait les premières avances pour cette réconciliation; M. Guizot, M. Thierry, M. Guérard, se sont faits en quelque façon jurisconsultes pour surprendre au moyen-âge le secret de son organisation; est-ce trop d'espérer qu'à son tour, quelqu'un de nos jurisconsultes, agrandissant la sphère de ses études, franchira le cercle étroit du Code civil, et, remontant la pente des âges écoulés, ira demander à l'histoire le dernier mot de ces institutions que nos pères nous ont léguées, et que nos fils recevront de nous en héritage?

Quand on verra quel parti, dans un siècle politique comme est le nôtre, un bon esprit peut tirer de l'étude de l'antiquité ou du moyen-âge, et combien est riche en leçons ce passé que nous connaissons mal, parce que, jusqu'à ce jour, nous ne l'avons observé qu'à la surface, alors on comprendra quelle science c'est que la jurisprudence, et combien il est déplorable qu'on l'ait tenue si longtemps à l'écart. On remettra au rang qui lui appartient cette science mixte, qui participe à la fois de l'histoire et de la philosophie, le point commun où la tradition et la spéculation se rencontrent, la pierre touche de toutes deux : Grotius, Vico, Montesquieu, Leibnitz, Kant, Fichte, Hegel, se sont rencontrés sur ce terrain intermédiaire, et c'est là, n'en doutons pas, que se retrouveront encore les plus grands esprits de notre âge. Et en effet, qu'on s'attache au passé, ou qu'on demande à la théorie des vérités que ne nous donne pas l'histoire, il est un point commun par où toutes les doctrines se touchent, c'est par le désir de réaliser la vérité dégagée ou découverte. La réaliser, c'est la faire passer du monde des théories dans le monde des faits, c'est la transformer en loi positive; en d'autres termes, c'est la faire entrer dans le domaine de la jurisprudence.

Pour se convaincre des hautes destinées auxquelles la jurisprudence est appelée de nos jours, il suffirait d'étudier le rôle qu'elle a joué en Allemagne dans ces vingt dernières années. Non seulement la science s'est transformée, mais en donnant aux idées une direction toute différente de celle du siècle dernier, en éveillant l'amour des

institutions nationales, en rattachant le présent
au passé, par le culte intelligent de ce que le passé
nous a laissé de grand et d'utile, elle a transformé
la nation. Ce mouvement intellectuel a eu dès l'o-
rigine un caractère politique des plus remarquables. En exaltant le sentiment national, il a
donné à l'Allemagne une force, une vitalité dont
en France on ne soupçonne pas l'énergie. La
jeunesse ramenée à l'étude impartiale des institutions anciennes, l'éducation universitaire a pu
devenir politique sans inconvénient, et l'Allemagne a su se créer une force dans un enseignement que nous redoutons comme un danger ; la
Prusse surtout a mis à profit le mouvement sorti de
chez elle, et dans un siècle où les idées sont souverai-
nes, Berlin, appuyée de ses universités, s'est fait
reconnaître pour la capitale intellectuelle du Nord.

Faire connaître le développement que la science
a pris en Allemagne depuis 1814, ce serait un travail long, difficile, et qui fatiguerait le lecteur ;
car ce développement, dont le caractère est prin-
cipalement historique, s'est fait par mille recherches éparses, isolées, et qui n'ont de commun que
d'avoir versé la lumière par tous les points sur
les institutions de l'antiquité et du moyen-âge.
Mais, par une heureuse fortune, un homme s'est
rencontré, dont la vie depuis quarante ans a été
si intimement mêlée au mouvement de la jurisprudence, que retracer cette belle vie, c'est racon-
ter l'histoire même de la science. Cet homme, qui
le premier a réhabilité dans la jurisprudence l'é-

tude de l'histoire, qui a donné le branle à cette
révolution scientifique, comme il en a maîtrisé la
marche et réglé le progrès, qui le premier aussi
et le seul a senti la nécessité de donner une base
philosophique à cette étude, pour qu'elle ne s'éga-
rât pas à la poursuite d'inutiles curiosités ; ce jurisconsulte, qui, parvenu à l'âge où le repos est
légitime, a fait prendre à son génie une face nouvelle, poursuivant avec l'ardeur et le succès de
ses meilleurs jours, l'idéal éternel de la jurisprudence, l'accord de la théorie et de l'art; ce savant, dont quarante ans de travaux et de gloire ont
rendu le nom européen, tout le monde l'a déjà
nommé, c'est Frédéric Charles de Savigny. Et non
seulement l'histoire de sa vie intéresse la science,
mais en même temps, par sa grandeur morale,
cette vie est un des plus excellents modèles qu'on
puisse offrir aux hommes qui se consacrent à l'é-
tude. Depuis quarante ans, M. de Savigny n'a eu
qu'un mobile, la science; qu'un intérêt, la science :
qu'une idée, la science. Le but qu'il s'était pro-
posé à vingt ans, aujourd'hui il le poursuit encore
sans s'être écarté de la route. Cette forte direction
l'a toujours élevé au-dessus des misères d'un chef
de parti, comme au-dessus des éblouissements de la
fortune; dans les hautes fonctions où son génie l'a
porté, M. de Savigny a constamment gardé son
caractère de jurisconsulte et de savant; jamais le
conseiller d'état n'a démenti le professeur : noble
exemple dans un siècle où tant de parvenus aban-
donnent la science comme un manteau qui n'était

bon qu'à faire la route, et dépouillés de cette pa-
rure d'emprunt, ne laissent plus voir que le hi-
deux squelette de l'orgueil et de l'ambition.

Asi, Cipriano , son
Todas las glorias del mundo (1).

Frédéric Charles de Savigny est né à Francfort,
la patrie de Goethe, le 21 février 1779. Sa famille,
d'origine française, comme le nom l'indique, était
venue cent cinquante ans plus tôt demander à l'Allemagne un abri pour sa croyance inquiétée. Dans
cette patrie d'adoption , ses ancêtres avaient rempli d'honorables fonctions ; son aïeul avait été di-
recteur de la régence de Deux-Ponts , et son père
représentait à Francfort les princes du cercle du
Haut-Rhin. Élevé par sa mère, ardente calviniste,
dans des sentiments de piété qui ne l'ont jamais
quitté, c'est sans doute à cette religion profonde
qu'il doit la constance de sa vie. En 1792, il eut
le malheur de perdre sa mère ; son père était mort
dès l'année précédente. A treize ans, orphelin et
sans famille, il fut remis aux soins d'un des meilleurs amis de son père, M. de Neurath , assesseur
à la Chambre impériale de Wetzlar, et jurisconsulte assez versé dans ce qu'on nommait alors *le
Droit public germanique.* M. de Neurath fit partager
à son pupille l'éducation qu'il donnait à son fils ;
et dès que les deux jeunes gens eurent atteint
quinze ans, il leur fit lui-même un cours complet

---

(1) Calderon. *El magico prodigioso. Jornada* III.

sur la science du Droit, telle qu'on l'entendait alors
en Allemagne. Il fallut apprendre de mémoire,
d'après d'énormes cahiers, rédigés dans le goût du
temps par axiomes et démonstrations mathématiques, le droit naturel, le droit des gens, le droit romain, et le droit germanique. Dieu sait quel droit
naturel et quel droit romain! une vocation moins
irrésistible que celle de notre futur Cujas eût in-
failliblement succombé. Heureusement M. de Savigny quitta bientôt ces études arides. Il entra en 1795
à l'université de Marbourg, alors comme aujourd'hui
une des moins importantes de l'Allemagne, mais dans
laquelle notre jeune savant eut le bonheur de ren-
contrer un homme qui devait exercer sur son avenir
une influence décisive. Cet homme, ce savant, dont
le plus beau titre de gloire sera d'avoir formé un
tel élève, c'était le professeur Weis.

Weis appartenait à ce qu'on nommait alors
l'*École de la jurisprudence élégante*; c'était vers la fin
du dix-septième siècle que cette école avait commencé de paraître, et sa patrie n'était point l'Allemagne, mais la Hollande. Après le mouvement de
renaissance dont, au seizième siècle, la France avait
été le principal théâtre, mouvement qui se prolon-
gea jusque dans la première moitié du siècle suivant,
et dont Hauteserre, Jean de la Coste, Fabrot et
Jacques Godefroy furent les derniers représentants,
la science prit une double direction. En Allemagne,
Thomasius, philosophe devenu jurisconsulte, essaya de réaliser dans la jurisprudence la réforme
radicale que Descartes avait portée dans les autres

branches des connaissances humaines. Rompant avec les idées de l'époque, Thomasius faisait table rase pour donner à la science une base purement philosophique et pour la soustraire à la fois aux influences de l'histoire et de la théologie. Chassé de Leipsig, comme un novateur impie (1), à l'étroit dans les universités existantes, ce révolutionnaire érudit fondait Halle pour respirer plus à l'aise, et inaugurait avec un succès inouï ces théories de *Droit naturel*, qui pendant plus d'un siècle ont dominé la jurisprudence allemande. En Hollande, au contraire, se perpétua la tradition de l'école française : on eût dit que la science fût émigrée avec les réfugiés protestants ; et Leyde , Utrecht, Groningue furent les héritières directes de ces belles universités de Bourges et de Toulouse, devenues muettes sous le grand roi.

Tout concourait à favoriser le développement des universités hollandaises ; la liberté d'opinions , le calme et la richesse de la nation, la situation du pays intermédiaire entre l'Allemagne et la France, tout enfin jusqu'à ce commerce considérable de librairie dont Amsterdam et Leyde étaient le centre. Aussi le mouvement fut-il des plus remarquables ; mais, par un singulier phénomène, ce mouvement n'eut pas de profondeur ; il se fit en quelque sorte à la surface sans pénétrer dans le pays, sans exercer d'in-

---

(1) Tu vas à Halle ? disait-on par forme de proverbe ; — Tu reviendras athée. *Du gehts nach Halle ? — Bald wirst du als Atheist zuruck kehren.*

fluence sur les législations de l'Europe ; son caractère fut purement littéraire, et Leyde fut moins une
université qu'une académie. Les chefs de l'école
batave se distinguèrent par un goût exquis, une
latinité pure, une connaissance approfondie de
l'antiquité classique, mais ils furent plutôt philo-
logues que jurisconsultes ; et à lire leurs écrits, on
dirait que le but principal de ce droit romain, dont
ils ne s'écartent jamais, soit d'éclairer Plaute,
Horace ou Cicéron. Gérard Noodt, Bynkershoek,
Schulting, Otto, Reiske furent les coryphées de cette
école littéraire qui, de nos jours encore, a trouvé
de dignes représentants dans Cras, dans Van-Hall,
dans Anne den Tex ; mais le plus grand nom de
cette école est celui d'un jurisconsulte qui vécut
dans le siècle dernier, l'allemand Heinneccius.

Né en Saxe en 1680, professeur de philologie d'a-
bord, puis de philosophie, puis enfin de jurisprudence, appelé en 1724 à Franequer en Hollande,
redemandé bientôt par Frédéric qui refusa de céder
aux États-Généraux cette gloire de Francfort et de
Halle, Heinneccius demi-germain, demi-batave, se
débattit toute sa vie entre la philologie, la jurisprudence et la philosophie. Cette incertitude eût
ruiné un esprit supérieur, elle fit la fortune de ce
génie du second ordre. La clarté apparente de ses
idées, la limpidité de son style, l'art avec lequel il
sut mettre en œuvre les découvertes d'autrui, l'ha-
bileté avec laquelle il tempérait la sévérité logique de
la forme allemande par les grâces de l'école histo-
torique, toutes ces qualités donnèrent à Heinnec-

cius une influence presque comparable à celle de Cujas, et cette influence a persisté jusqu'en ces dernières années dans toute l'Europe.

Ce succès d'Heinneccius s'explique par l'universalité de ses travaux. Dans les œuvres de ce jurisconsulte, comme dans une encyclopédie, les esprits les plus divers trouvaient une nourriture agréable et facile ; Heinneccius avait écrit sans préférence sur toutes les branches de la jurisprudence, et faisant abnégation de ses idées, il avait su, par son admirable méthode, mettre les systèmes de l'époque à la portée des plus médiocres intelligences. Son esprit, d'une souplesse infinie, prenait sans effort la forme la plus convenable à chaque nature d'ouvrage. Pour les admirateurs du droit naturel, il avait résumé Grotius, Puffendorf, Wolf et Thomasius ; pour ceux qui, égarés par quelques paroles de Leibnitz mal comprises, demandaient au droit romain la rigueur et la précision d'une démonstration mathématique, il avait réduit les Pandectes en axiomes ; enfin pour ceux qui cherchaient dans l'histoire une étude moins aride, il avait écrit ces *Antiquités du droit romain* qui restent encore aujourd'hui le plus parfait modèle de ce genre d'ouvrage. C'était en effet vers l'étude de l'histoire et de la philologie que le portait la pente naturelle de son génie ; c'est en ce point qu'il excellait ; témoins ses *Eléments* et ses *Antiquités du droit germanique* ; ce fut aussi par ce côté qu'il exerça sur l'Allemagne une heureuse influence, en éveillant le goût des études historiques.

Grâce à l'impulsion donnée par Heinneccius, l'Allemagne n'eut bientôt plus rien à envier à la Hollande, et les disciples qu'il avait formés, suivant l'exemple de leur maître, se mirent à fouiller avec ardeur et les antiquités romaines et les antiquités nationales, mine vierge et féconde qui sollicitait l'exploration. Puttmann, Selchow, Biener, Moeser se donnèrent à l'étude des origines germaniques; mais le droit romain conserva le plus grand nombre d'adorateurs. Entre tous se distingua Auguste Bach par son excellente histoire de la jurisprudence romaine. C'est à cette école de romanistes qu'appartenait le professeur Weis, et lui-même, reprenant le travail ou Bach l'avait laissé, avait entrepris l'histoire du droit romain pendant la période des glossateurs. Weis était, comme la plupart des jurisconsultes de l'école batave, un esprit qui avait plus de grâce que de profondeur, plus de littérature que de jurisprudence; mais il avait un goût pur qui l'éloignait de la lourde métaphysique régnant alors dans l'école, un amour ardent pour la science, et le talent si précieux de communiquer cet amour à ses élèves. Ce fut lui qui conquit Savigny à l'école historique du dix-huitième siècle, en passionnant sa jeune intelligence pour ce droit romain, dont la beauté a toujours eu le privilége de séduire les esprits supérieurs; ce fut lui qui, mettant les richesses d'une précieuse bibliothèque à la disposition de son disciple favori, sut l'intéresser aux destinées de la législation romaine comme à celles d'un ami, la lui fit suivre non seulement à son époque de gloire et d'éclat, mais encore pendant cette transformation obscure et jusqu'alors restée inconnue, des siècles qui suivirent la conquête ; en somme, et nous ne pouvons faire de M. Weis un plus grand éloge, c'est à l'inspiration de son professeur que M. de Savigny doit un de ses plus beaux ouvrages, l'*Histoire du Droit romain*, c'est à M. Weis que la science doit Savigny.

Au mois d'octobre de l'année 1796, M. de Savigny passa à l'université de Goettingue. Ces pélerinages universitaires sont dans les habitudes allemandes, et ne contribuent pas médiocrement à agrandir l'esprit des étudiants par la variété des leçons et des méthodes, et à entretenir l'émulation des professeurs par le désir de voir affluer à leurs cours, des jeunes gens venus de tous les coins de l'Allemagne pour entendre un maître fameux. De Goettingue où, hormis l'historien Spittler, il n'entendit aucun professeur remarquable, M. de Savigny revint terminer à Marbourg le cours de ses études. En 1800, il prit le grade de docteur ; la dissertation qu'il composa à cette occasion annonçait déjà les dispositions les plus heureuses. Quoique 'Allemagne soit riche en compositions de ce genre, celle de Savigny est restée célèbre par l'élégance de la latinité, la clarté des idées, la connaissance parfaite du sujet, et je me souviens que visitant la bibliothèque de Tubingue, le premier objet qui frappa mes yeux, sur les tables où travaillaient les étudiants, ce fut un recueil de dissertations, ouvert à la thèse de Savigny, et dont les pages noircies, attestaient combien de fois, depuis quarante ans, on avait cherché dans ce volume le premier chef-d'œuvre du maître.

Docteur à vingt et un an, indépendant par son caractère et par sa fortune, M. de Savigny, dont la vocation était déjà décidée, se fit professeur, ou pour me servir d'une expression qui n'a point d'analogue dans notre langue, parce que la position qu'elle désigne n'en a pas, *Privat docent.* C'est de ce nom qu'on appelle le professeur libre qui ne fait point partie de l'université, et enseigne sans autre salaire que la rétribution des étudiants qui suivent volontairement ses leçons. Cette institution, particulière aux universités d'Allemagne, est considérée dans ce pays comme la cause la plus directe de la prospérité de l'enseignement; car elle ouvre un libre accès aux idées nouvelles, et entretient les professeurs dans une perpétuelle émulation.

En France, le professorat est un sacerdoce qui n'admet qu'un petit nombre d'élus sortis victorieux d'une longue et difficile initiation; en Allemagne, au contraire, le professorat est une milice où tous les volontaires sont reçus. Qui se croit une vocation décidée pour l'enseignement, qui sent quelque idée fermenter dans son front, celui-là, après des épreuves sévères mais qui n'ont rien d'effrayant, monte en chaire et professe à ses risques et périls. La politique mise à part, le *privat docent* enseigne ce qu'il veut et comme il veut. Il refait, si bon lui semble (et ceci arrive tous les jours), le cours même du professeur qu'il a quitté la veille. Dans

cette lutte scientifique, les plus vieux capitaines ne
se courroucent point de l'ambition de leurs jeunes
rivaux, car ils savent que l'empire de la science,
comme celui d'Alexandre, appartient toujours au
plus digne, et que pour un professeur le repos ne
commence qu'au jour de la retraite. J'ai vu les plus
nobles esprits de l'Allemagne encourager, soutenir
les débuts de leurs disciples de la veille, devenus
leurs concurrents sans cesser d'être leurs amis.
Loin de s'effrayer de la jeunesse du professeur, ils
voyaient dans cette première furie de l'âge, une
garantie de succès; et maintes fois j'ai entendu
répéter ces paroles : que pour faire un bon professeur, la première condition n'est pas tant de savoir
à fond la science , que de se passionner pour elle,
et de communiquer à son auditoire le feu sacré;
que pour exciter de telles sympathies il n'est que
la jeunesse, et que l'homme le plus savant ne vaut
pas toujours le jeune maître qui apprend la science
avec ceux même auxquels il l'enseigne. Un cours
en effet, n'est pas un livre, et le rôle du professeur
n'est nullement celui de l'écrivain. « Ecrire, » dit
Goëthe dans un passage que M. de Savigny s'est
approprié pour s'y peindre lui-même, « écrire c'est
« abuser de la parole, et l'impression d'une lec-
« ture solitaire remplace bien tristement la vivante
« énergie du langage. C'est par sa personnalité que
« l'homme agit sur l'homme, et surtout la jeunesse
« sur la jeunesse. C'est alors que les impressions
« sont les plus fortes et les plus pures. »

Les débuts de M. de Savigny furent la justification des paroles de Goëthe; dès sa première leçon il entraîna son auditoire. Peu d'hommes, il faut le dire, ont été plus heureusement doués pour l'enseignement : une taille élevée, une physionomie grave et douce , quelque chose du regard humide et inspiré de Schiller, une grande noblesse de parole et de geste, le feu d'une conviction profonde, l'élévation de la pensée, en un mot toutes les qualités du corps et de l'esprit, concouraient pour faire de ce jeune homme un professeur accompli. Sur l'impression produite par ses débuts, nous possédons le témoignage de deux hommes devenus plus tard la gloire de l'Allemagne, les deux Grimm, premiers disciples et premiers amis du *privat docent* de Marbourg.

« Je ne connais point d'enseignement, dit
« Grimm, qui ait fait sur moi une impression plus
« profonde que les leçons de Savigny. Il me semble
« que ce qui attirait et captivait si puissamment
« ses auditeurs, c'était la facilité et la vivacité de
« la parole, jointes à tant de calme et de mesure.
« Les talents oratoires peuvent éblouir quelque
« temps, mais ils n'attachent pas. Savigny parlait
« d'abondance et ne consultait ses notes que rare-
« ment. Sa parole toujours claire, sa conviction
« profonde, et en même temps une espèce de re-
« tenue et de modération dans le langage, faisaient
« une impression que n'aurait pas produite l'élo-
« quence la plus ardente. Tout en lui concourait
« à l'effet de la parole..... Mon frère et moi nous
« fûmes admis chez Savigny et il nous fut permis

» de profiter de ses conseils ; il nous fit comprendre
« la valeur des études historiques, et l'importance
« de la méthode ; ce sont des obligations que je ne
« saurais trop reconnaître , car sans lui je n'au-
« rais peut-être jamais donné à mes études
« une bonne direction. Pour combien de choses
« n'a-t-il pas éveillé notre intérêt ! combien de li-
« vres n'avons-nous pas empruntés à sa biblio-
« thèque ! Avec quel charme il nous lisait des pas-
« sages du *Wilhelm Meister*, ou des poésies de Goëthe !
« L'impression que j'ai conservée m'est encore si
« présente, qu'il me semble que c'est hier que je
« l'entendais. »

Savigny donna successivement des Leçons sur le
Droit criminel, les dix derniers livres des *Pandectes*,
Ulpien, le *Droit de Succession*, la *Méthodologie* et
l'*Histoire du Droit romain*. Cette multiplicité de leçons qui nous étonne, a cet avantage, que le
jeune professeur en s'essayant dans les diverses
branches de l'enseignement, cherche et rencontre
enfin la direction naturelle de son génie; c'est ce
qui arriva pour M. de Savigny. En 1801, tandis
qu'il enseignait les dix derniers livres des Pandectes, une des théories les plus délicates du droit romain, la *Possession* captiva toute son attention.
Comme il s'était mis à étudier les textes, il fut
étonné du désaccord qui se trouvait entre les lois
même et les commentateurs; Weis, auquel il sou-
mit ses recherches, encouragea vivement son jeune
disciplé à publier un travail spécial sur un sujet
aussi intéressant par sa difficulté que par son im-

portance pratique; le *Droit de Possession*, rédigé pendant l'hiver de 1802, parut au commencement de l'année suivante, et dès son apparition eut un grand et légitime succès. Ce succès, chose rare pour un livre de jurisprudence, ne s'est point démenti jusqu'à ce jour, et le livre attaqué à plus d'une reprise est resté, depuis quarante ans, l'œuvre la plus considérable qu'on ait écrit sur cette doctrine difficile.

Si c'est une des marques du génie de venir toujours à propos, pour formuler et satisfaire les besoins actuels de la science, on peut dire que ce caractère n'a point manqué à M. de Savigny, et que jamais livre n'a mieux répondu que le sien à une demande réelle. Il y avait dans tous les esprits le désir de renouveler les méthodes scientifiques; on était tellement fatigué des divisions arbitraires si fort en vogue au siècle précédent, de ces théories prétendues philosophiques, de toute cette scolastique bâtarde qui embarrassait et étouffait la jurisprudence, qu'on éprouvait de toutes parts le besoin de rajeunir la science, et de la retremper aux sources pures où se vivifie la pensée. Déjà Hugo avait levé à Gœttingue l'étendard de la réforme; il avait attaqué, avec une critique mordante, les idoles du siècle dernier; il avait battu en brèche ce prétendu droit naturel, masque commode derrière lequel chacun cachait ses rêveries, comme, un siècle plus tôt, chacun abritait ses fantaisies derrière la Bible ou l'Evangile; et maintenant Hugo s'attaquait avec une grande énergie à la jurisprudence civile. Il voulait porter le fer dans cette masse morte que les praticiens se transmettaient de main en main, sans y ajouter que de nouvelles erreurs ; à chaque institution Hugo demandait son origine, son but, sa raison d'être; la réforme historique était là toute entière. Mais Hugo avait plus de force pour critiquer que pour fonder, et, dans ce domaine de la critique, c'était plutôt comme professeur qu'il agissait que comme écrivain. Sa doctrine était donc destinée à s'agiter dans un cercle étroit jusqu'au moment où Savigny vint lui donner un corps, prouvant par un chef-d'œuvre ce qu'il y avait de vie et d'avenir dans la méthode que le professeur de Gœttingue remettait en honneur.

Hugo, en effet, non plus que Savigny, ne pensaient alors fonder une école nouvelle; ils croyaient se rattacher à l'école de Cujas, qui leur semblait le plus parfait modèle du jurisconsulte. Le *Droit de Possession* est tout à fait dans la manière du maître. C'est un livre fait avec une seule idée, largement développée et qui domine tout l'ouvrage, sans que jamais discussions parasites viennent déborder sur le fond. On ne peut s'empêcher d'admirer la sagesse qui préside à l'ordonnance de l'ensemble et à la disposition des parties ; mais, j'ose le dire, ce livre, admirable par la méthode, n'est point encore de ces œuvres qui, en révélant quelque principe fécond, ouvrent une ère nouvelle dans la science. On reconnaît dans ce traité un jeune homme qui, récemment admis dans le sanctuaire, ne porte point ses regards au delà des textes qu'il étudie : Savigny accepte le droit romain comme un point de départ infaillible, écarte les ronces dont les commentateurs ont couvert cet antique monument, remet dans son jour la théorie romaine, la débarrasse des enlacements sous lesquels le droit germanique ou la pratique l'ont étouffée, et quand il a terminé cette œuvre de reconstruction, se repose amoureux de la forme, et ne se souciant que médiocrement de l'importance politique, ou de l'intérêt pratique des doctrines même qu'il a restituées.

Le succès du livre, en répandant dans toute l'Allemagne le nom et la méthode du jeune professeur, lui attira les propositions les plus avantageuses. Heidelberg et Greifswald lui offrirent une chaire aux conditions les plus brillantes. La concurrence des universités allemandes, en tenant tous les yeux ouverts sur le mérite qui commence à se faire jour, n'est pas un des moindres avantages de cette organisation à laquelle nous avons tant à emprunter. M. de Savigny n'accepta point ces propositions. Nouvellement marié à mademoiselle de Brentano, femme de l'esprit et du caractère le plus aimable (1), digne, en un mot, du grand nom qu'elle était appelée à partager, Savigny s'était réservé quelques années de loisir,

----

(1) Madame de Savigny est la sœur de la spirituelle madame d'Arnim, dont la correspondance a été publiée il y a quelques années sous le titre de *Correspondance de Goëthe avec un enfant.*

pour un grand voyage scientifique qui devait achever son éducation littéraire. Il visita les bibliothèques d'Heidelberg, de Stuttgard, de Tubingue, de
Strasbourg, faisant partout des recherches, des
copies, des extraits pour cette histoire des glossateurs dont Weis lui avait inspiré l'idée.

Au mois de décembre 1804, il vint à Paris.
« Un événement bien fâcheux, » nous dit M. Gue-
noux, qui a puisé dans son intimité avec M. de
Savigny des renseignements qu'on chercherait inutilement ailleurs, » un événement bien fâcheux at-
« trista son arrivée. On vola derrière sa voiture
« une malle renfermant tous ses papiers, c'est-à-
« dire le fruit de ses recherches dans diverses bi-
« bliothèques de l'Allemagne, et tant de travaux
« qui ne se recommencent pas, car il faudrait re-
« trouver cette première ardeur de jeunesse, et
« l'heureuse disposition qui les ont inspirés. Le
« chagrin de cette perte ne le quitta pas de plu-
« sieurs mois ; mais bientôt il songea à la réparer
« du moins en partie, et il appela à Paris un de ses
« élèves, Jacob Grimm, pour l'aider à exploiter les
« richesses de la Bibliothèque. Dans presque toute
« l'Europe, sauf de rares exceptions, les bibliothé-
« caires remplissent avec zèle leurs honorables
« fonctions : ils savent que les trésors dont ils sont
« dépositaires n'ont de valeur que par l'usage ; mais
« on trouve à Paris un luxe de politesse et de pré-
« venances dont on aime à garder le souvenir quand
« on en a été l'objet. Cette bienveillance ne man-
« qua pas à Savigny, et il nomme toujours avec re-

« connaissance MM. Laporté-Dutheil et Dacier,
« alors conservateurs des manuscrits. Savigny de-
« meurait en face de la Bibliothèque; il s'y rendait
« tous les jours avec Jacob Grimm. Madame de Sa-
« vigny et une de ses sœurs l'accompagnaient éga-
« lement. Elles copièrent pour lui plusieurs manu-
« scrits français, entre autres les lettres inédites de
« Cujas, et ceux qui connaissent l'écriture du grand
« jurisconsulte savent que cette tâche n'est pas
« sans difficulté. Tous quatre travaillaient avec la
« même ardeur, quoique dans un but différent :
« ils avaient peine à quitter la Bibliothèque, et-les
« valets impériaux durent leur répéter plus d'une
« fois : *Allons, allons, voilà qu'il est deux heures, tâ-*
« *chons de nous en aller.* »

En 1808, M. de Savigny accepta la première place
à l'université de Landshut, où quelques années plus
tôt on avait transporté l'ancienne et célèbre université d'Ingoldstadt. Son séjour en Bavière ne fut
pas de longue durée; en 1810, M. Guillaume de
Humboldt, chef de l'instruction publique en Prusse,
lui fit proposer une chaire à la nouvelle université
de Berlin. Savigny accepta immédiatement, moins
dans des vues d'intérêt personnel, que par haine
de la domination étrangère, qui pesait alors sur le
midi de l'Allemagne, et dévouement au pays qui,
par son énergique résistance, restait le dernier espoir de la nationalité germanique.

La guerre nous avait rendus maîtres incontestés
de l'Allemagne, mais l'Empereur, il faut le reconnaître, avait fait un étrange abus de la vic-

toire, lorsque, blessant les peuples dans ce qu'ils
ont de plus cher il avait voulu anéantir la nationalité allemande, et transformer en départements
français, les plus belles provinces de l'ancien-
empire. Le royaume de Westphalie fut le plus
insolent défi de la conquête. Un roi qui n'était
que le préfet de son frère, une cour qui ne
tenait pas au pays, des administrateurs étrangers à la nation qu'ils prétendaient gouverner,
c'était pour les patriotes allemands une injure
sanglante, un affront plus dur que ne fut pour nous
l'invasion de 1815; car si le sort des armes nous
fut contraire, du moins les étrangers ne nous ont-
ils jamais gouverné. La Prusse combattit jusqu'au
dernier moment pour sauver la nationalité mena-
cée, et quand, abattue par la sanglante défaite
d'Auerstedt, mutilée par le traité de Tilsitt, il lui
fallut renoncer à Halle, cette université toute prus-
sienne, la rivale de Leipzig, la création de Thomasius, ce fut avec des cris de désespoir que le roi
Frédéric-Guillaume se sépara de cet ancien fleuron
de la couronne. « Chers habitants de nos fidèles
« provinces, » écrivait-il dans une proclamation du
24 juillet 1807, « vous connaissez mes sentiments
« et les événements déplorables de cette dernière
« année... Nos armes ont eu le dessous; il faut
« accepter la paix telle que les circonstances l'im-
« posent... Il faut briser ces liens qu'avaient sanc-
« tifiés les siècles, les pactes les plus sacrés, l'a-
« mour et la confiance: le destin l'ordonne, le père
« se sépare de ses enfants; mais ni destinée ni puis-

« sance n'arracheront de mon cœur votre souvenir. »

A cet appel déchirant, les professeurs de Halle avaient répondu en se serrant autour du roi, et en demandant la création d'une université à Berlin même. Ce projet retardé jusqu'au départ des vainqueurs qui occupaient la ville, fut alors exécuté sur un vaste plan. A la demande de Guillaume de Humboldt, le magnifique palais du prince Henri fut donné par le roi pour y mettre l'université, et une dotation annuelle de cent cinquante mille thalers (600,000 fr.) fut accordée au nouvel établissement. Aux fidèles professeurs de Halle, Beyme, Schwalz, Hufeland, Niemeyer, Schleiermacher, vinrent se joindre Niebuhr, devenu professeur par patriotisme, Eichhorn et de Savigny. Alors commencèrent, avec une ardeur qui tenait de la croisade, des leçons qui, loin de laisser décroître la Prusse du rang littéraire où l'avait placé Thomasius, l'élevèrent, s'il est possible, plus haut encore, et malgré ses désastres et ses revers, maintinrent Berlin comme la capitale de la civilisation allemande. « Ah! » dit Niebuhr, qui dans ce mouvement joua un des principaux rôles, « c'était un beau « moment que celui où s'ouvrit l'université de « Berlin ; ces jours d'inspiration et de bonheur, « pendant lesquels j'enseignais et je rédigeais ce « livre (1), les avoir connus et avoir vu 1813, cela « seul rend une vie heureuse, en dépit des dures « expériences qui l'ont du reste éprouvée. »

---

(1) L'histoire romaine.

Entre Niebuhr et Savigny s'établit une amitié des plus vives ; Savigny fut le premier auditeur de ces improvisations, où Niebuhr, dans toute la fougue de son imagination, créait de toutes pièces un nouveau monde romain, et, comme un conteur arabe, charmait tous ceux qui l'écoutaient, et se prenait lui-même aux merveilles de sa fantaisie ; Niebuhr, de son côté, ne pouvait se séparer de cet ami grave et sévère, dont l'esprit complétait le sien, et dans l'*Histoire romaine,* où le Danois épanche à chaque page le trop plein de son cœur, le nom de Savigny reparaît souvent comme un souvenir chéri. « Je n'ai pas pu profiter des « nouvelles découvertes, » dit-il dans la préface mise en tête de la seconde édition de son premier volume, » j'étais en Italie, trop préoccupé par les « affaires, pour travailler avec plaisir dans les li-« vres ; je croyais d'ailleurs ne pouvoir plus me « passer du bonheur que j'avais une fois goûté : la « conversation de Savigny. Charmants entretiens, « où le nœud de la difficulté était saisi de suite ; « où il m'était si aisé de questionner sur mille « points, si doux d'achever et d'éprouver ma pen-« sée dans le cœur d'un ami ! — Je me rappelle, « dit-il ailleurs, comme un cher souvenir des heu-« reux jours passés, que je dois cette remarque à « de Savigny. »

Les guerres de 1814, qui nous furent si fatales, rendirent à l'Allemagne son indépendance ; mais le flot étranger retiré, les plus graves questions politiques apparurent : il ne s'agissait de rien moins que de reconstruire tout ce grand pays. De l'ancien empire germanique, renversé par la conquête, il ne restait que des ruines ; les institutions françaises étaient repoussées comme le souvenir fâcheux de dix ans de guerres et de défaites; dans l'organisation politique, dans les lois, dans les institutions, tout était à fonder. Ce fut alors qu'une voix partie d'Heidelberg vint offrir à l'Allemagne un projet qui ne manquait ni d'intérêt ni de grandeur. Les succès de 1814 avaient été obtenus par le réveil et l'élan de l'esprit national. On avait combattu, non pas pour la Prusse ou pour l'Autriche, mais pour la commune patrie, pour l'Allemagne. Dans cette lutte les petites jalousies provinciales avaient complétement disparu. Le désir et le besoin de l'unité étaient dans tous les cœurs; le congrès de Vienne, qui délibérait alors, travaillait à sa façon à fonder cette unité en sécularisant les anciennes principautés ecclésiastiques, en médiatisant cette foule de petits princes dont l'indépendance et la jalousie avaient fait la faiblesse du pays; la carrière était belle et l'occasion favorable pour tous les amis du pays. Thibaut crut le moment venu pour demander un code qui fût commun à toute l'Allemagne, et qui, puisqu'on ne pouvait espérer l'unité politique, maintînt du moins l'unité nationale par l'unité de la législation et de l'enseignement.

« Il est deux conditions, disait-il (1), qu'on peut

---

(1) *Ueber die Nothwendigkeit eines allgemeinen bürgerlichen Rechts fur Deutschland.* 1814.

« et qu'on doit exiger de toute législation, c'est
« qu'elle soit aussi parfaite que possible et dans
« la forme et dans le fond ; en d'autres termes, il
« faut que la langue des lois soit claire, exacte,
« précise, et que les institutions répondent aux
« besoins de la nation. Malheureusement il n'y a
« pas un pays en Allemagne où une seule de ces
« conditions soit remplie, même à demi.... Notre
« droit germanique n'est rien qu'un pêle-mêle de
« dispositions contradictoires qui s'entre-combat-
« tent et s'annulent les unes par les autres. On di-
« rait que notre législation prend à tâche de rendre
« les Allemands étrangers les uns aux autres, et
« d'empêcher les juges et les avocats d'acquérir ja-
« mais une instruction solide. Et quand même
« on posséderait à fond ce chaos légal, on n'irait
« pas bien loin avec toute cette érudition. Car notre
« droit national est si incomplet, si imparfait, que
« de cent questions qui se présentent, il y en a tou-
« jours au moins quatre-vingt-dix-neuf qui se dé-
« cident par quelqu'une des législations étrangères
« que nous avons reçues dans nos tribunaux, je veux
« dire le droit canonique ou le droit romain. Il est
« difficile d'imaginer quelque chose de plus désas-
« treux. Otez ce qui concerne la constitution de
« l'église catholique, le droit canonique n'a aucune
« espèce de valeur : c'est un amas de dispositions
« obscures, tronquées, incomplètes ; souvent ces
« dispositions ne sont qu'une méprise des premiers
« interprètes du droit romain, et il s'y révèle une
« tendance si prononcée chez le pouvoir spirituel

« à empiéter sur les affaires de ce monde , qu'un
« sage gouvernement doit chercher ailleurs ses
« règles de décisions.

« Reste la dernière et la plus importante source
« de notre législation : c'est le corps de droit ro-
« main, c'est-à-dire l'œuvre d'une nation étrangère,
« œuvre accomplie à l'époque de la plus profonde
« décadence, et qui, à chaque page, porte les traces
« de la décrépitude. Il faut l'aveuglement de la pas-
« sion pour féliciter les Allemands d'avoir reçu
« dans leur législation cette œuvre indigeste, et
« pour leur conseiller sérieusement de la conser-
« ver.

« C'est, dit-on, *une collection infiniment complète.*
« Cela est incontestable : à peu près comme il serait
« vrai de dire que l'Allemagne est infiniment riche,
« puisqu'elle possède tous les trésors enfouis dans
« son sol jusqu'au centre de la terre. Extraire ces
« trésors sans frais, c'est là le difficile. J'en dirai
« tout autant du droit romain. Il est indubitable
« que des jurisconsultes d'une science profonde,
« d'un esprit pénétrant, d'une patience à toute
« épreuve parviendront à établir sur chaque point
« un système complet qu'ils sauront retrouver
« dans ces fragments épars, et que, dans un mil-
« lier d'années peut-être, nous serons assez heureux
« pour obtenir une œuvre classique et complète
« sur les mille points importants qui, aujourd'hui
« encore, sont dans le chaos. Mais qu'importe au
« pays que de bonnes idées se conservent dans quel-
« ques savants livres ? Ce qu'il lui faut, c'est que

« le droit vive en quelque sorte dans la tête du
« juge et de l'avocat, et qu'il soit facile d'acquérir
« une complète instruction légale. C'est ce qui
« sera toujours impossible avec le droit romain. »

Ces critiques, qui frappaient juste, eurent du
retentissement. Comme savant et comme patriote,
Thibaut trouva de l'écho dans tous les cœurs.
Feuerbach à Munich, Schmidt à Iéna, Pfeiffer
à Cassel, s'unirent au professeur d'Heidelberg pour
demander un Code, qui tirât l'Allemagne de la
confusion extrême dans laquelle la jurisprudence
était tombée. Les idées de Pfeiffer se rapprochaient
beaucoup des idées sages qui ont présidé en France
à la rédaction du Code civil; Pfeiffer, homme de
pratique et d'expérience, ne voulait point de brus-
ques innovations, mais il voulait porter la hache
dans ce dédale juridique, et demandait un Code
qui, sans innover, se prononçât sur les doctrines
qu'il fallait suivre et sur celles qu'il fallait reje-
ter; en un mot, un Code nouveau par la forme,
ancien par le fond.

Les idées de réforme gagnaient rapidement,
quand se présenta dans l'arène un adversaire inat-
tendu : c'était M. de Savigny. La brochure qu'il
publia à cette occasion, sous le titre : *De la Vocation
de notre époque pour la Législation et la Jurisprudence*,
fit une sensation profonde, et qui ne s'est point
encore effacée. Cet écrit, destiné à survivre aux circonstances qui l'avaient amené, n'était rien moins
que la profession de foi d'une école nouvelle qui
rompait avec les méthodes du siècle dernier, et sous

le nom d'*Ecole historique*, déclarait ouvertement la guerre au système régnant. Aussi la lutte s'engagea-t-elle dès le premier moment avec une extrême vivacité, Hugo et Schrader tenant pour Savigny, Feuerbach et Gœnner défendant Thibaut. Aujourd'hui, à vingt-cinq ans de distance, le feu couve encore sous la cendre, et la discussion s'est rallumée plus d'une fois; car dans ce champ d'étroite apparence, s'agite l'éternelle querelle des deux tendances qui se partagent l'esprit humain, la tendance historique et la tendance philosophique.

Considérée de ce point de vue général, la querelle de 1814 est pour nous d'un véritable intérêt, car la question qui se discutait alors en Allemagne, s'agite aujourd'hui chez nous dans les hautes régions de la jurisprudence, dans l'administration et la constitution même du pays. Dès qu'on descend au fond des systèmes qui se partagent l'opinion publique, on trouve, comme raison première de leur contrariété, les deux tendances que j'indique; et ce ne sont pas les seuls jurisconsultes qui gagneraient à méditer sur la valeur et la force des idées qu'a mises en avant et défendues M. de Savigny.

La question de Codification, qui était pour Thibaut la question principale, n'avait aux yeux de Savigny qu'une importance secondaire (1). Notre jurisconsulte ne niait pas qu'il ne fût quelquefois

____

(1) C'est aussi l'avis de Bluntschli, *Die Neueren Rechtsschulen der deutschen Juristen.* Zurich, 1841, p. 15.

convenable de formuler nettement les usages exi-
stants ; suivant lui , ce formulé, en suspendant la
marche naturelle de la jurisprudence, avait plus
d'inconvénients que d'avantages ; mais, en certaines
circonstances, il pouvait être nécessaire d'y avoir
recours. En somme, sur cette question , Savigny
prenait pour devise le soixante-quatrième apho-
risme de Bacon :

« Qu'il serait à désirer que le remaniement des
« lois se fît dans un siècle supérieur par la science
« et l'expérience, aux siècles dont on remanie les
« actes et les monuments. Car, ajoutait le chan-
« celier, c'est pitié que de voir une époque igno-
« rante et sans prudence mutiler et restaurer sans
« goût les œuvres de l'antiquité. »

L'Allemagne était-elle arrivée à l'époque désirée
par Bacon , et, avant tout, les circonstances politiques permettaient-elles de songer sérieusement à
une pareille réforme ? Sur ce point, en combat-
tant la Codification, Savigny faisait preuve d'un
patriotisme non moins ardent que celui de Thibaut, et d'un esprit plus positif et plus sage. En
théorie, rien de plus beau, et politiquement de plus
utile que l'unité de législation. Un demi-siècle de
déclamations ignorantes ou passionnées n'ôteront
rien au mérite de nos Codes ; mais pour l'Allemagne, en 1814, ce beau projet était tout bonnement
impossible. On ne pouvait espérer que la Prusse
renonçât à son *Land-Recht*, ni l'Autriche au Code
qu'elle avait établi trois ans plus tôt, et cela pour
accepter un Code nouveau sur la rédaction duquel

on devait difficilement s'entendre. En soulevant la question de Codification, on ne devait donc arriver qu'à une solution facile à prévoir, la rédaction d'un Code particulier à chacun de ces petits royaumes créés par le congrès de Vienne, et qui, n'étant plus retenus par le lien et la majesté antique de l'Empire, aspireraient tous à l'indépendance et à la souveraineté absolue. Le résultat politique de ces Codes, résultat également prévu, également redouté par les deux adversaires, c'était de donner un corps aux divisions factices de la diplomatie, c'était de créer des Badois, des Hessois, des Bavarrois, qui se distingueraient, au moins par leurs lois civiles, des Saxons et des Prussiens ; c'était de rendre de plus en plus étrangers l'un à l'autre, par la diversité de jurisprudence qui amène la diversité des intérêts, des peuples, enfants de même souche, et qui jusqu'alors avaient eu un même fond de législation. Et en effet, quels que fussent les défauts de l'ancienne jurisprudence, au moins avait-elle ce mérite, que ses principes étaient admis sous le nom de *Droit commun* par tous les tribunaux d'Allemagne; en outre, ce droit commun était enseigné dans les universités, grands corps à qui l'Allemagne a dû jusqu'à ce jour les progrès qu'elle a faits vers l'unité. Que devait-il arriver quand un Code particulier amènerait dans l'enseignement la même diversité que dans la jurisprudence ? N'était-ce pas sacrifier le résultat péniblement conquis par plusieurs siècles d'efforts, l'unité par l'enseignement ? Que Savigny eût raison d'exprimer cette crainte, je le laisse à juger par tous ceux qui ont suivi avec quelque attention la marche des universités allemandes dans ces vingt dernières années. Qu'ils disent s'il n'y pas ajourd'hui une inclination marquée chez tous les gouvernements à créer, en quelque façon, des universités provinciales, inclination qui se révèle d'une manière fâcheuse dans le choix exclusif des professeurs du pays, et dans le développement exagéré de certaines parties de l'enseignement.

La question politique écartée, restait une question scientifique, qui, pour Savigny, constituait le véritable point de la difficulté. Ce n'était pas seulement sur la Codification que notre jurisconsulte s'éloignait de l'opinion de Thibaut ; entre les idées de ces deux hommes il y avait un abîme. Savigny avait le sentiment de cette contrariété, et ce fut en cherchant à se rendre compte de ce désaccord qu'il fonda une doctrine qui distingue l'école *historique*, des anciennes écoles française et hollandaise, avec lesquelles elle a, du reste, plus d'un point de contact, et de l'école dite *non historique*, dont Thibaut était sinon un des plus solides, du moins un des plus spirituels champions.

Il régnait alors en Allemagne, comme aujourd'hui en France, une opinion trop facilement reçue : c'est que le législateur est tout-puissant pour modifier et changer les institutions, et qu'on peut tout faire à coups de lois. Cette idée, fausse par son exagération, et qui donne à un homme, sur les mœurs et les destinées d'une nation, une influence qui ne peut heureusement lui appartenir était un mauvais reste de la philosophie du dix-huitième siècle; c'était une suite de ces opinions qui, confondant le droit et la morale, admettent un droit de nature, ou un droit de raison, idéal parfait de la législation dont les différents codes ne sont qu'une altération passagère, et qui convient également à toutes les nations et à tous les siècles. C'est ainsi que, de nos jours, Bentham, le représentant le plus parfait de ces fausses théories, allait offrant de pays en pays, à Maddison, président des Etats-Unis, au gouverneur de la Pensylvanie, à l'empereur Alexandre, aux Cortès d'Espagne ou de Portugal, cet éternel code civil ou pénal qui devait convenir indifféremment à des pays différents de mœurs, de climat, de passé. Thibaut, sans aller aussi loin que Bentham, partageait cependant, comme les jurisconsultes de son époque, ces mêmes idées. C'était du législateur qu'il voulait obtenir ce que Savigny n'attendai que de la science.

Thibaut croyait peu à l'importance des études historiques, parce qu'il n'admettait point l'influence du caractère national sur le développement de la législation. Le droit privé surtout lui semblait en quelque façon écrit dans le cœur humain. C'était une règle à laquelle s'élevaient d'eux-mêmes notre esprit et notre raison, et qui n'avait nul besoin de se plier aux circonstances. Il appelait le droit une *mathématique juridique* sur laquelle les siècles et les lieux n'ont point de prise. Les études historiques n'étaient pour lui que des recherches

d'érudition oisive, et il disait volontiers des jurisconsultes de l'école de Savigny ce que Mallebranche
disait de certains savants : « Les savants étudient
« plutôt pour acquérir une grandeur chimérique
« dans l'imagination des autres hommes, que pour
« donner à leur esprit plus de force et d'étendue.
« Ils font de leur tête une espèce de garde-meuble,
« dans lequel ils entassent sans discernement et
« sans ordre tout ce qui porte un certain caractère
« d'érudition ; je veux dire tout ce qui peut paraître
« rare et extraordinaire et exciter l'admiration des
« autres hommes. *Ils font gloire de rassembler dans ce
« cabinet de curiosités, des antiques qui n'ont rien de
« riche et de solide, et dont le prix ne dépend que de la
« fantaisie, de la passion ou du hasard.* » Selon Thibaut, dix leçons sur les lois de la Perse ou de la
Chine étaient plus utiles que les interminables recherches de tous les commentateurs d'*et cætera* sur
les variations de la succession romaine. Tous ces
faiseurs de *micrologie*, comme il les nommait plai-
samment, si fiers et si heureux de leurs impercep-
tibles découvertes, lui rappelaient ces bons moines
d'Espagne, si glorieux de posséder un morceau de
l'échelle que Jacob vit en songe, la plus merveil-
leuse de toutes les reliques assurément. De ce passé
dont Savigny acceptait avec dévouement l'héritage,
Thibaut disait ce que Winkelmann écrivait des
Grecs, que *les anciens n'ont été si grands que parce
qu'ils n'ont pas eu notre science, c'est-à-dire l'art de savoir ce que les autres ont su avant nous ;* et quant à la
succession des lois, dont le professeur de Berlin

admirait le merveilleux enchaînement, Thibaut
sur ce point était volontiers de l'avis de ce bon diable
Méphistophélès :

Es erben sich Gesetz und Rechte
Wie eine ew'ge Krankheit fort ,
Sie schleppen von Geschlechte sich zum Geschlechte
Und rücken sacht , von Ort zu Ort.
Vernunft wird Unsinn , Wohlthat Plage ,
Weh dir , dass du ein Enkel bist (1) *!*

Cette direction des idées qui n'était point particulière à Thibaut, rendait toute codification dan-
gereuse ; car loin d'assurer à l'Allemagne une loi
nationale, un Code rédigé par des mains inhabiles,
pouvait lui imposer une législation vague, médiocre
et qui n'aurait nullement favorisé l'unité qu'on
voulait établir. L'exemple de la France, allégué par
Gœnner, ne pouvait faire autorité ; car, outre que
personne ne voulait rien qui ressemblât à nos Codes,
et qu'il était de mode de déchirer nos lois civiles ,
avec autant d'injustice que de mauvais goût, Savigny remarquait avec raison, qu'en France le mérite
éminent de nos praticiens, le bon sens caracté-
ristique du génie national, la perfection de la langue
avaient pu préserver des dangers d'une brusque
innovation, mais qu'on ne pouvait rien espérer de

---

(1) Lois et droits s'entre-succèdent comme une éternelle maladie : on les voit traîner de génération en génération et gagner peu
à peu d'un pays dans l'autre. La raison devient folie, et ce qui
fut un bien devient un fléau. Malheur à toi qui es de la famille !

semblable dans un pays où la science pure absorbe tous les bons esprits, et où la pratique ne trouve pour s'occuper d'elle que la pire espèce de gens : des *théoriciens restés en route*. On ne pouvait, suivant une spirituelle expression de Bluntschli, avoir confiance dans les médecins qui se présentaient, car ils étaient, de tous, les plus malades. D'ailleurs n'avait-on pas sous les yeux le triste exemple du code criminel bavarois? Cette œuvre, rédigée par Feuerbach, le premier criminaliste de l'Allemagne, discutée pendant neuf années consécutives par trois savantes commissions, n'avait amené qu'une législation impossible à exécuter, et deux ans après son apparition, cent onze novelles avaient bouleversé dans les points les plus essentiels, ce rêve d'un théoricien. A cet exemple du peu de vocation de l'Allemagne pour la législation, il était aisé de joindre celui du *Land-Recht*, code prussien, que Savigny, dans un mouvement d'enthousiasme, pouvait placer au-dessus du Code civil , mais qui n'en est pas moins une des plus lourdes compilations qui soit jamais sortie de la main des hommes, et qui laissant subsister les coutumes particulières, sans servir que de législation supplémentaire, a tous les inconvénients pratiques d'un code , sans en avoir le moins du monde les avantages politiques.

Pourquoi donc le droit échappe-t-il ainsi à la main des hommes? Quelle est sa nature et son caractère? C'est à cette question que Savigny était invinciblement ramené ; et voici sa solution.

Aussi loin que nous remontions dans l'histoire,

nous voyons que le droit civil de chaque peuple a toujours son caractère déterminé et particulier, comme les habitudes, les mœurs, la constitution même. Le droit n'est donc point une règle absolue, comme la morale, ou une institution indifférente, et qui ne tienne point au pays, au contraire, le droit est une fonction de l'esprit national; c'est une manifestation qui n'a point de vie propre, une capacité de la nation , que la réflexion sépare et abstrait, mais qui n'existe point par elle-même d'une existence distincte. Comme le corps humain change et se développe perpétuellement par un mouvement insensible, ainsi fait le corps social; le droit est une des forces de ce grand corps, et non un vêtement qu'on peut faire. ôter, ou changer au gré des caprices du jour ; à toutes les époques le droit se maintient dans un rapport essentiel avec la nature et le caractère du peuple qu'il régit, et on ne saurait mieux comparer son développement qu'au progrès de la langue. Pour le langage, comme pour le droit, il n'y a jamais un temps d'arrêt absolu ; tous deux sont soumis à la même marche et aux mêmes altérations que les autres modes de l'activité nationale : de tous deux le progrès est fatal. (1)

---

(1) On pourrait pousser le rapprochement plus loin et dire qu'il y a un rapport perpétuel entre le langage et la législation. Il y a eu des coutumes normandes, languedociennes, bretonnes, tant qu'il y a eu un dialecte normand, languedocien, breton; et le jour où il n'a plus existé qu'une langue française, on a commencé de de-

Le droit comme la langue grandit avec la nation, souffre et prospère avec elle, et périt quand la nation disparaît. En somme, le droit naît et se développe toujours de façon *coutumière* (qu'on me permette cette expression); il existe à l'état latent, dans les mœurs et dans l'opinion publique, avant de se réaliser dans la législation. Sa force est intérieure et ne vient nullement de l'arbitraire du législateur. On écrit les lois, on ne les invente pas.

Quel rôle appartient donc au législateur, et quelle influence peut-il exercer sur le droit par la législation proprement dite ? Le rôle du législateur, disait Savigny, est un rôle secondaire. Ecarter les obstacles qui gênent la marche des institutions en progrès, donner par la sanction législative la vie juridique à des institutions qui s'établissent en quelque façon d'elles-mêmes, couper toute branche morte ou parasite; en un mot jouer le rôle de préteur à Rome, ou des anciens parlements français, lorsqu'ils rendaient des arrêts de réglement : voilà seulement ce qui appartient au législateur; et si, se méprenant sur sa mission, il veut mettre ses idées à la place des idées nationales, il confondra misérablement toute la législation. La fonction du législateur est donc des plus délicates, car elle demande, comme l'exigeait Bacon, une connaissance

mander l'unité dans la législation. Ce que je dis de la France s'appliquerait aussi bien à l'Espagne, à l'Italie et à l'Allemagne, qui a eu ses coutumiers comme ses dialectes francs, souabes et saxons.

parfaite des institutions anciennes, une intelligence supérieure des besoins nouveaux ; il faut en ce point une extrême prudence, une grande expérience des choses humaines, et c'est une folie de permettre à tout profane d'entreprendre avec des mains impures cette mystérieuse opération. Or, ajoutait M. de Savigny, aujourd'hui ni les hommes, ni la science, ni même la langue juridique, ne sont en mesure de suffire à ce grand œuvre ; il faut attendre encore. Quand, par des études sérieuses, nous aurons acquis une science plus profonde, quand nous aurons exercé convenablement notre sens historique et politique, nous pourrons porter un jugement sur le fond qui nous est soumis. Doutons jusque là, et ne nous hâtons pas de prendre le scalpel du chirurgien, car nous pourrions couper des chairs vives, et encourir dans l'avenir la plus terrible responsabilité. Point de précipitation : quand le peuple Juif ne voulut pas attendre sur le mont Sinaï les lois de Dieu, il se fit par impatience un veau d'or, et pour le punir, les vraies Tables de la loi furent brisées.

De cette théorie législative, Savigny déduisait la méthode d'étude et d'enseignement du droit : « Le « caractère de notre école n'est point, comme lui « ont injustement reproché quelques nouveaux « adversaires, une estime exclusive du droit romain, « non plus que le maintien absolu de certaines « doctrines ; au contraire, nous nous gardons soi- « gneusement de semblables défauts. Le but de la « science, telle que nous l'entendons, c'est de

« poursuivre jusqu'à sa première racine toute doc-
« trine donnée par le passé, et d'en découvrir le
« principe organique, de façon que ce qui vit
« encore dans cette doctrine se détache de ce qui est
« mort et n'appartient plus qu'à l'histoire. Le fond
« de jurisprudence que nous avons reçu, se com-
« pose d'un triple élément, le droit romain, le
« droit germanique, et les modifications successives
« de ces deux éléments primitifs. Le droit romain,
« sans parler de son importance historique, a cet
« avantage que, par le haut degré de culture auquel
« il est parvenu, il sert à la fois de modèle et d'idéal
« à la science moderne. Cet avantage manque au
« droit germanique, mais en revanche il est un
« côté par lequel il l'emporte sur le droit romain :
« il est plus dans nos mœurs, si j'ose le dire, il
« nous tient de plus près, et de ce que ses formes
« anciennes sont disparues, ce serait une grande
« erreur de conclure qu'il se soit retiré de no-
« tre législation. Le fond de ces formes, l'esprit
« national qui les avait inspirées, a survécu à
« ces formes même, et plus d'une institution
« germanique est destinée à se réveiller en-
« core, et dans la constitution et dans le droit
« privé ; je parle de l'esprit de ces anciennes insti-
« tutions et non point de la lettre ; mais c'est en
« étudiant la lettre, que nous autres jurisconsultes
« nous apprenons à connaître et deviner l'esprit.
« Enfin il ne faut pas négliger les altérations qu'ont
« reçues ces deux éléments primitifs : dans la lon-
« gue route qu'ils ont parcourue pour venir jus-

« qu'à nous, il y a eu plus d'une transformation
« commandée par les besoins de la nation, ou
« amenée par l'influence des jurisconsultes. Cette
« dernière influence a même agi plus fortement
« que l'autre, et pour déterminer le rôle qu'ont
« joué les jurisconsultes, il nous faudrait une his-
« toire de la jurisprudence pendant le moyen-âge.
« Dans l'étude de cette dernière source de notre
« droit, l'effort principal doit également tendre à sé-
« parer l'élément vivant de la jurisprudence actuelle,
« de toute cette masse inerte dont nous ont encom-
« brés l'ignorance ou la sottise des siècles derniers. »
Telle est la doctrine à laquelle M. de Savigny a
attaché son nom ; elle se rapproche en plus d'un
point d'idées analogues, formulées de nos jours
par les excellents esprits qui, en France, ont
regénéré l'histoire et la philosophie. Reconnaître
en toute science morale l'élément que les siècles se
passent de main en main, discuter cet élément, et,
la critique faite, lui assurer sa légitime part d'influence : considérer le présent comme une arche
jetée entre le passé et l'avenir, et ne jamais oublier
qu'on ne peut rompre d'un côté sans tomber
dans l'abîme ; ce sont là, ce semble, des données
irréprochables et cependant toutes nouvelles. C'est
par cette reconnaissance des droits légitimes du
passé, que notre siècle est appelé à se distinguer de
l'âge précédent ; ce sera, je n'en doute point, sa
part dans les progrès de la civilisation, et cette
part suffira pour que son nom ne soit pas sans
gloire dans l'avenir.

Les idées de M. de Savigny ont ainsi une portée plus grande qu'on ne le suppose ordinairement en France ; la jurisprudence n'est point leur seul objet, et elles sont destinées à paraître dans une sphère plus vaste, je veux parler de la politique, qui véritablement n'est qu'une des faces les plus élevées de la jurisprudenco. Cette science (car la politique est une science tout aussi réelle que la philosophie et les mathématiques, quoiqu'on ne s'en doute guère à la marche des affaires), cette science gagnera singulièrement à être étudiée du point de vue historique, et c'est un des sujets qui, dans notre pays, doit le plus vivement solliciter l'attention des bons esprits ; car dans une pareille étude il y a tout à la fois gloire pour l'écrivain et utilité immédiate pour la patrie.

Quand, au lieu de considérer l'état comme une machine dont on peut à volonté changer les rouages, on verra par une observation attentive qu'un peuple est un grand être, ayant, comme un seul homme, une organisation, un esprit, une vitalité propre, alors on renverra dans le monde des chimères toutes ces théories qui n'ont de réalité que dans le cerveau de leurs inventeurs. On rirait d'un utopiste qui proposerait de remplacer toutes les langues modernes par le chinois ou le sanscrit : est-il moins ridicule de donner notre charte aux Turcs, et de créer, en paroles, des pouvoirs quand ces pouvoirs n'existent pas dans le pays ? Ce n'est point, sans doute, le hasard qui a partagé l'Europe entre des

Français, des Anglais, des Allemands, des Russes, et a créé une langue française, allemande, russe ou anglaise ; chacune de ces langues tient au génie même de la nation ; ainsi en est-il de la législation civile et de la législation politique de chacun de ces grands peuples. Leurs lois sont une part de leur existence sociale. Vouloir imposer à une nation des formes de gouvernement arbitraires, sans consulter les éléments qui existent, est aussi impossible et beaucoup plus dangereux que de réaliser une langue universelle. Les idées politiques ont leur développement fatal comme les idées juridiques, comme les idées littéraires ; et tout le corps social souffre et s'affaisse dès qu'une main maladroite contrarie leur pente naturelle : avis à ces grands hommes du jour qui s'imaginent créer des lois et fonder des institutions quand ils écrivent quelques lignes sur un papier oublié dès le lendemain, et qui désespèrent de la société, parce qu'elle résiste par l'énergie de sa vitalité, aux remèdes de l'ignorance et du charlatanisme.

A ne considérer que l'intérêt scientifique, quelle différence d'étudier la politique d'après les maximes abstraites des utopistes, ou d'après l'observation patiente de l'histoire. Quand je lis quelques-uns de ces grands auteurs à système, un Rousseau, un Hobbes, un Fichte, un Hegel, il me semble que la société, telle qu'ils la représentent, est une société de comédie : rois, peuples, familles, individus, tout ce monde vit d'une existence empruntée ; c'est le souffle du machiniste qui anime ces personnages de théâtre ; l'illusion est quelquefois poussée au dernier degré du possible, et touche presque à la réalité ; mais ce n'est qu'une illusion. Le livre fermé, dès qu'on veut réaliser la fantaisie du politique, ce monde imaginaire s'évanouit, et comme il n'y a au fond de tous ces systèmes qu'une même pensée égoïste, le résultat impitoyable de toutes ces doctrines est le despotisme mis en haut ou en bas de la société. Révolutionnaires et tyrans, démocrates et despotes, ont toujours trouvé dans ces systèmes *naturels* la justification et la consécration de l'absolu pouvoir. Hobbes et Rousseau se donnent la main au départ ; ils se retrouvent au but, pour fonder le despotisme, l'un sous le nom de royauté, l'autre sous le nom de souveraineté du peuple.

Au contraire, quand on étudie la politique dans l'histoire, on entre dès le premier pas dans un monde nouveau : ce n'est plus cette uniformité de paroles et de pensées qui ne révèlent que trop clairement la main du théoricien : c'est, au contraire, l'activité humaine dans toute la variété de son développement. Chaque peuple remplit sa fonction comme un laborieux ouvrier, chacun a sa destination comme sa physionomie spéciale, chacun travaille pour soi dans un intérêt propre ; et entre les mains du maître, qui est Dieu, le travail égoïste de chacun s'utilise et se perd dans une œuvre commune qui est le profit de tous. Ainsi, dans cette grande usine où la civilisation s'élabore, chaque nation a son rôle et sa mission sérieuse ; au nord, on creuse la

pensée jusque dans son dernier filon ; au midi,
on lui donne la forme qui la fait vivre ; partout le
mouvement, partout la variété, partout la vie ;
mais une vie propre à chaque nation, et non seulement à chaque nation, mais encore à chacun des
individus dont cette nation se compose. Et toutes
ces passions qui s'agitent, et toutes ces idées qui
se remuent, toutes ces forces, en un mot, plus diverses que contraires qui font la vie des peuples,
ont en chaque pays et en chaque siècle une direction voulue, une pente forcée. La fonction du législateur, c'est d'étudier la direction du fleuve et
de lui creuser son lit, s'il ne veut pas que, grossies
par la résistance, les eaux emportent quelque jour
un gouvernement qui fait obstacle, et ne ravagent
un pays, que bien dirigées, elles auraient dû fé-
conder et enrichir.

En transportant dans la politique les doctrines
que Savigny appliquait aux institutions civiles, on
s'aperçoit qu'il y a une grande analogie entre les
idées du savant Allemand, et celles qu'émit au
commencement du siècle, M. de Maistre ; mais
M. de Maistre, dont la pensée avait quelque chose
d'énigmatique, et dont la parole est toujours cruel-
lement ironique, a été peu compris d'un siècle
sur lequel, en plus d'un point, il se trouvait en
avance. Son génie effrayait plus qu'il ne persua-
dait ; il a laissé des admirateurs et pas un disciple.
M. de Savigny, au contraire, a été dès le premier
jour chef d'école, en quelque façon malgré lui,
grâce à la modération de ses idées et de son carac-

tère. Tout le monde s'est empressé de se ranger sous la bannière d'un maître aussi aimable, et ses premiers disciples ont été des hommes qui, plus âgés que lui, pouvaient encore lui disputer la première place; je veux parler d'Haubold, de Hugo, de Cramer, de Niebuhr, qui tous vinrent se ranger sous le nouvel étendard, suivis par une foule de jeunes savants qui, depuis, se sont fait un nom dans la science; les Eichhorn, les Grimm, les Dirksen, les Hasse, les Unterholzner, etc.

Pour donner un organe à l'école nouvelle, pour proclamer les principes et les défendre contre les attaques parties d'Heidelberg et de Munich, Savigny, en communauté avec Eichhorn et Gœschen, fonda le *Journal de Jurisprudence historique*. Dans l'introduction dont il fit précéder le premier numéro, il reprit avec une force nouvelle sa profession de foi scientifique, symbole adopté par tout ce que l'Allemagne du nord comptait d'esprits distingués (1). Le gant, si fièrement jeté, fut relevé; Thibaut dans les Annales d'Heidelberg, répondit à Savigny avec la courtoisie d'un adversaire qui tient plus à briller qu'à convaincre; mais Gœnner, à Munich, y mit moins de mesure et se prononça avec violence contre l'école de Berlin; Savigny, de son côté, répondit avec aigreur et amer-

---

(1) J'ai traduit cette préface presqu'en son entier dans l'introduction de l'*Histoire du Droit de Propriété*.

tume. Gœnner, lors de la conquête, avait adopté avec empressement le Code Napoléon, et aux yeux de Savigny cette adoption était une lâcheté; mais sa réponse alla néanmoins trop loin, et Gœnner ne méritait certes pas l'espèce de dédain avec lequel on le réfuta. Du reste, la polémique allait mal à l'excellent esprit et à l'excellent cœur d'un homme venu dans la science non pour détruire, mais pour fonder, et qui ne voulait pas user dans des querelles de parti une activité vouée tout entière aux progrès de la science. Après sa réponse à Gœnner, Savigny renonça pour toujours à la polémique, et quand il réunit, quinze ans plus tard, les pièces de cette grande discussion, il ne voulut pas y joindre ce qu'il avait écrit contre Gœnner, *n'ayant rien changé de ses opinions*, disait-il, *mais n'ayant aucun désir après plusieurs années écoulées, et son adversaire mort, de réveiller une discussion toute de circonstance et qui avait pris le caractère d'une polémique personnelle.* Je ne vois pas que M. de Savigny soit sorti depuis lors de cette sage réserve; je ne sache pas du moins que les attaques mordantes du plus rude adversaire qu'ait rencontré l'école historique, je veux parler de M. Gans, ait fait rompre le silence prudent que notre jurisconsulte s'était imposé (1).

----

(1) On s'étonnera peut-être que je n'insiste pas plus longuement sur les attaques de M. Gans, et sur la prétendue école philosophique qui éleva son drapeau contre le drapeau de l'école historique; mais c'est qu'en réalité, et malgré son prodigieux esprit, M. Gans

Sorti de la polémique, Savigny s'occupa de mettre la dernière main à un ouvrage commencé depuis longtemps, cette *Histoire des Glossateurs* dont Weis lui avait autrefois donné l'idée. Mais sous l'influence des dernières discussions, l'auteur avait singulièrement modifié le plan de son ouvrage, et lui-même nous explique comment, sous l'empire des doctrines nouvelles qu'il venait de fonder, ses idées s'étaient agrandies.

« Si, conformément à l'opinion générale, on con-
« sidère le droit civil d'une nation comme le ré-
« sultat arbitraire de la volonté législative, au gré
« de laquelle il peut varier à chaque instant donné
« pour faire place à quelque institution toute nou-
« velle, le droit, il faut l'avouer, ne tient à l'his-
« toire de la nation et de sa constitution que par
« un lien bien faible, un caprice, un accident.
« C'est dans cet esprit que, pour le droit romain,
« on a traité jusqu'à ce jour la question de sa durée
« ou de sa disparition pendant le moyen-âge. On
« l'a toujours considéré comme ayant une existence
« propre, comme indépendant de l'existence et
« de la condition du peuple qu'il régit. J'ai déjà

---

n'a jamais fait secte ; il a été le seul maître et le seul disciple de cette école qui transportait les doctrines d'Hegel dans la jurisprudence, et encore n'a-t-il pas été jusqu'au bout du rôle qu'il avait pris ; les derniers volumes de son *histoire du Droit de Succession* sont aussi sages et aussi *historiques* que les premiers sont *philosophiques*. L'ouvrage de Gans est un tour de force ; ce n'est pas un système.

« exprimé ailleurs une opinion toute contraire ;
« dans ma conviction, le droit est amené néces-
« sairement par la condition même de la nation ;
« or, cette conviction change de fond en comble la
« manière d'envisager notre problème historique.
« La question de durée du droit romain nous
« amène nécessairement à examiner la durée même
« du peuple chez qui et pour qui le droit a existé,
« et nous ne pouvons admettre la persistance du
« droit sans constater par avance la persistance
« de la nationalité et de l'administration romaine.
« Car si la nation romaine disparut sous les ruines
« de l'empire d'Occident, il n'y eut ni nécessité,
« ni possibilité de conserver la législation romaine.
« Il en aura été à peu près de même si les vaincus
« ont perdu leur liberté personnelle ou leur pro-
« priété tout entière ; nulle raison d'existence pour
« une législation sans objet.

« Et même en supposant que toute liberté et
« toute propriété ne furent pas perdues, si toute
« vie politique fut anéantie, si la nation vaincue se
« confondit entièrement dans la nation victorieuse,
« il est bien difficile d'admettre la persistance du
« droit romain, car le droit est une part de la vie
« politique d'une nation, il tient par mille points
« à tout le reste de l'organisation nationale et peut
« difficilement survivre au brusque anéantissement
« de la constitution. Ajoutez que la persistance de
« la législation suppose la persistance de l'orga-
« nisation judiciaire, n'étant pas possible d'ad-
« mettre dans les royaumes de la conquête, l'ad-

« ministration de la loi romaine sans juges et tri-
« bunaux romains.

« En partant du point de vue que je viens d'in-
« diquer, il sera donc nécessaire pour donner une
« base solide à cette histoire du droit en général,
« et plus particulièrement du droit civil, de recher-
« cher quelle fut, dans ces nouveaux états, la posi-
« tion des Romains, d'examiner quelle fut la con-
« dition des vaincus, celle de leurs terres, et enfin
« quelle fut la constitution sous laquelle ils vécu-
« rent. Cette dernière recherche en appelle à son
« tour une autre, car cette constitution se rattachait
« à l'organisation qui précéda la chute de l'empire
« d'Occident; mais n'entreprenant cette dernière
« étude que dans un but indirect, je la réduirai
« aux seuls traits qu'exige le plan de mon ou-
« vrage. »

A l'aspect d'une esquisse aussi grandiose, il est
impossible que le lecteur ne se sente pas involon-
tairement prévenu pour cette législation dont on
lui promet l'histoire. Et, ce qu'on éprouve, ce n'est
point cet intérêt de curiosité bon pour un petit
nombre d'idolâtres toujours prêts à se prosterner
devant le premier parchemin noirci par la poudre
des siècles, c'est cet intérêt grave et profond
qui saisit tout ami de la patrie et de l'huma-
nité quand il évoque le passé, pour demander à
ce sphinx redoutable le mot du présent et le secret
de l'avenir. Cette législation, héritage de la sagesse
ou de la folie de nos pères, qui pèse sur la nôtre,
comme le passé qu'elle représente pèse de tout son

poids sur notre présent, d'où nous vient-elle? où nous mène-t-elle? comment la modifierons-nous ? C'est la première de ces questions que Savigny essaie de résoudre; ce sont ces mystérieuses origines qu'il veut dévoiler. Plus tard, et dans l'œuvre de sa vieillesse, il essaiera de répondre à la dernière demande, et d'assurer au présent sa part légitime d'influence.

Je ne crois point qu'il y ait dans l'histoire un spectacle plus imposant que ce long enfantement de la civilisation moderne auquel nous fait assister Savigny. Les Germains sont les maîtres de ce qui fut le monde Romain, et ils ont apporté sur la terre conquise leurs institutions et leurs usages; mais la race vaincue a conservé ses lois, et ses lois sont maintenant pour elle le passé, la patrie, la nationalité. Au moment où cesse la lutte sanglante, où toute vie semble retirée de l'empire expiré, alors s'engage, entre les deux sociétés en présence, une lutte sourde, mais désespérée; ce ne sont plus les hommes, ce sont les institutions qui s'entre-combattent et se détruisent; jusqu'à ce qu'une civilisation qui n'est plus ni romaine ni barbare, sorte enfin des ruines du monde Romain et du monde Germanique, tous deux confondus et transformés.

A suivre la destinée de cette race romaine, si faible sur le champ de bataille, mais qui vaincue se relève par la supériorité du génie, et finit par dominer ses vainqueurs, on éprouve quelque chose de cet intérêt qui s'attache à la Grèce moderne, disputant à ses conquérants ce que trois siècles d'oppression n'ont pu lui ravir, sa religion, sa langue, ses lois, derniers et chers trésors d'une nation vaincue, seule force que ne puisse anéantir l'ambition du maître, seul espoir de jours meilleurs.

Toutefois, si j'ose le dire, Savigny n'a rempli qu'imparfaitement ce cadre immense; et il semble qu'on reconnaisse dans son livre deux ouvrages de date différente, et en quelque façon superposés l'un sur l'autre; d'une part, l'histoire littéraire, telle que l'avait conçue Weis, c'est-à-dire l'énumération des lois, des documents, des commentaires, où s'est conservée la doctrine romaine; de l'autre, l'histoire des institutions, telle que Savigny l'avait envisagée, sous l'empire des théories qu'il venait d'établir, c'est-à-dire l'histoire approfondie des transformations successives de la civilisation. Cette seconde partie du livre était la mine la plus féconde que la science eût jamais découverte, mais on dirait que notre jurisconsulte a craint de s'enfoncer dans ces mystérieuses profondeurs; content d'ouvrir les premières veines, et de montrer de loin toute la richesse du sillon qu'il a commencé, il semble abandonner à des mains plus hardies ce rude labeur politique, pour revenir à ces études littéraires, dans lesquelles il est sans rival.

De là pour le lecteur un désappointement secret; on cherche l'histoire d'une institution, on trouve la biographie d'un glossateur inconnu. Ce défaut du livre frappe dès son apparition; Goëthe essaya de défendre son compatriote par un mot spirituel : *On reproche à l'auteur de n'avoir pas fait ce qu'il n'a pas voulu faire, et d'avoir fait ce qu'il a voulu.* Cette défense était plus ingénieuse que juste : quand Dieu donne au génie une grande idée, l'homme en est comptable à la science, car ce trésor qu'il a le premier découvert est le patrimoine de tous.

Du reste, l'espèce de regret que laisse à sa lecture l'*Histoire du droit romain* est la marque certaine du mérite éminent de l'ouvrage. A voir de quelle manière supérieure Savigny a traité la partie littéraire, comment ne point regretter qu'il se soit contenté d'effleurer les questions si graves qui se présentaient à chaque pas devant lui? Cette histoire littéraire est un chef-d'œuvre de patience et de méthode. Ce qu'il a fallu recueillir de documents de toute espèce, ce qu'il a fallu lire de manuscrits, de diplômes, de livres plus inconnus et plus rares que les manuscrits même, est vraiment incroyable; cette histoire est un tour de force en érudition ; et il est certain que si M. de Savigny a écrit, comme il le dit, moins pour les lecteurs que pour les écrivains à venir, il a fait un chef-d'œuvre, car son livre est destiné pour longtemps à servir de base à tous les travaux qui auront pour objet les origines de la civilisation moderne.

Nous n'acceptons pas néanmoins la destination trop modeste que l'auteur assigne à son ouvrage ; c'est en s'adressant aux lecteurs de toute classe et de toute condition que l'histoire du droit romain a rendu à la science le plus précieux service ; la clarté des idées, l'élégance du style, l'intérêt du sujet ont conquis à la jurisprudence plus d'un adorateur, tenu jusqu'alors à l'écart par la sécheresse des formes de l'ancienne école. Et ce n'est pas seulement aux destinées du droit romain que M. de Savigny a su intéresser le lecteur, c'est aussi à la marche et aux progrès des institutions germaniques. Sur ce terrain qui lui était peu familier, il a fait preuve d'une netteté de vue, d'une finesse d'aperçus qui, selon nous, le placent au-dessus d'Eichhorn, proclamé cependant le premier germaniste du siècle. Ces études sur le droit germanique sont d'autant plus remarquables, qu'on a souvent et justement reproché à l'école historique sa prédilection pour le droit romain; mais de cette prédilection, justifiée par la beauté et la grandeur du monument romain, il serait injuste de rendre M. de Savigny responsable, car peu de germanistes ont payé au droit national une offrande plus généreuse que la sienne, et de la préférence momentanée du droit romain si quelqu'un fut coupable, assurément ce ne fut pas M. de Savigny, mais Gaïus.

C'est en 1817, que la découverte de ce jurisconsulte romain, perdu depuis douze siècles, vint donner à la science une impulsion qu'elle semblait ne devoir plus recevoir, impulsion comparable au grand mouvement qui, à la suite des découvertes du seizième siècle, avait renouvelé la jurisprudence, et fait la gloire de l'école française. Niebuhr fut le premier auteur de cet heureux événement. Nommé ambassadeur à Rome, il ne se séparait qu'avec regret de cette université qu'il avait fondée, et prenant congé de Savigny, comme ils causaient des richesses littéraires qu'ils supposaient enfouies dans les bibliothèques italiennes. « *Je vous promets*, dit-il à son ami, *que, de la première ville où je descendrai, je vous enverrai quelqu'un de vos anciens jurisconsultes, perdu dans ces décombres.* Quelques jours plus tard, le hasard fit de ce badinage une vérité : Niebuhr visitant à Vérone les anciens manuscrits que contenait la bibliothèque de la ville, un des premiers qui lui tomba sous la main fut un saint Jérôme, sous l'écriture duquel il retrouva des fragments de jurisprudence romaine. Il se hâta d'adresser à M. de Savigny ces précieuses reliques, les croyant d'Ulpien ; mais l'œil exercé du jurisconsulte reconnut sans peine le style de Gaïus, écrivain du troisième siècle, dont Justinien avait mutilé les commentaires pour en faire les Institutes : Berlin, grâce au mouvement scientifique dont Savigny était le chef, s'empara aussitôt de cette découverte : l'Académie des sciences, dont Savigny était membre depuis 1811, envoya de Berlin à Vérone les professeurs Becker et Goëschen pour déchiffrer le précieux palimpseste; M. Bethmann-Hollweg se joignit à eux. La première édition parut en 1820. Ce fut toute une révolution. Il fallut désapprendre ce que les maîtres avaient enseigné, et reprendre la science par les premiers fondements, car la clef de voûte de la jurisprudence romaine, la procédure civile, était connue pour la première fois. Néanmoins, et ce résultat semble bien remarquable, Savigny avait écrit jusqu'alors avec une si parfaite connaissance des sources, un sentiment si net du génie romain, que ses travaux n'en reçurent aucune atteinte sensible; Gaïus confirma la doctrine du *droit de possession.*

La réapparition inattendue des restes de l'antiquité qu'on croyait à jamais perdus, tels que Gaïus, la République de Cicéron , les Fragments du Code Théodosien , le Lydus, en rouvrant sous un aspect nouveau le monde Romain, appela dans cette direction tout ce que l'Allemagne comptait d'esprits curieux et amateurs de la belle antiquité. De ce mouvement, secondé par les recherches de Niebuhr, Savigny fut le chef; ce fut lui qui, comme professeur et comme écrivain. anima, par ses paroles et ses travaux, les jeunes savants qui descendirent dans la carrière. Ses conseils toujours prêts, sa riche bibliothèque toujours ouverte, son amitié toujours acquise à ceux qui se dévouaient à cette commune religion de la science, firent du professeur de Berlin l'apôtre infatigable de la régénération juridique; Savigny , malgré sa modestie, se trouva remplir ce rôle supérieur qui échoit toujours au génie, parce que le génie seul est au-dessus des querelles de parti et des misérables jalousies de métier ; il fut pour la science du droit en Allemagne, ce qu'en France ont été de nos jours Cuvier pour les sciences naturelles, Silvestre de Sacy pour les études orientales, Cousin pour la philosophie. Plus d'un de ses jeunes disciples, devenu plus tard professeur ou écrivain distingué, s'est plu à reconnaître tout ce qu'il devait à cette obligeance du maître, si précieuse pour l'homme qui débute dans la science, car, dans l'incertitude de ses premiers pas, il a besoin d'une main qui le guide, le soutienne et lui montre une partie du chemin. Biener, dans l'*Histoire des Novelles*; Klenze, dans le *prologue de la Loi Servilia*; Barckow, l'éditeur de la *Loi romaine des Bourguignons*; Bœking, dans le *Brachylogus*; Hænel, dans l'édition nouvelle du *Code Théodosien*; Laspeyres, dans son ingénieuse Restitution *du livre de fiefs*, ont tous reconnu publiquement que c'était à la bonté, aux conseils, aux communications de Savigny, qu'ils devaient une partie de leurs succès; et cette influence est visible dans les deux plus remarquables ouvrages sortis de l'école de Berlin, deux écrits qui rappellent la grande manière du maître : l'*Histoire des Institutions judiciaires du Bas-Empire* de Bethmann-Hollweg; l'*Histoire du Gouvernement et de la Législation de Zurich*, par Bluntschli.

Comme écrivain, Savigny ne joua pas un rôle moins grand que comme professeur; sans parler de son *Histoire du droit romain*, dont la publication a duré près de quinze ans, depuis 1815 il ne s'est point passé d'année qui n'ait été signalée par quelque recherche sur un point curieux d'antiquité; et tel est le génie de cet homme, que chacune de ses recherches aboutit toujours à une découverte. La plupart de ces dissertations, composée pour l'Académie des sciences de Berlin, ont été publiées dans le *Journal Historique*, dont Savigny a été depuis vingt-cinq ans le constant rédacteur, d'abord avec Eichhorn, puis, quand le germaniste accepta une chaire à Gœttingue, en communauté avec M. Klenze, le plus habile philologue des jurisconsultes modernes, puis enfin, après la mort de M. Klenze, avec M. Rudorff, un des plus ingénieux interprètes de la législation romaine.

Quelques-unes de ces dissertations sont de petits chefs-d'œuvre ; telles sont celles qui ont pour objet le droit de latinité, le *jus italicum*, le colonat, les impôts romains, question qui vient d'être reprise en Italie, et poussée plus avant par M. Baudi di Vesme, dont les recherches toutefois n'ont fait que développer, sans les contredire, les opinions de Savigny. Lors même qu'on ne partage pas les idées de l'auteur, il est impossible de méconnaître l'art extrême avec lequel ces dissertations sont écrites. La question, toujours unique, est si nettement posée, les preuves si naturellement amenées, la déduction si puissante et si facile, qu'on a peine à résister, et au charme de ce style d'une clarté toute française, et à la force de cette logique serrée qui accuse des études et une conviction profondes. Remplir heureusement le cadre un peu étroit d'une dissertation sans surcharger son sujet, ou sans l'appauvrir, est plus difficile qu'on ne le pense ; c'est un talent qui en France est une rareté, et en Allemagne un prodige.

Pendant cette période de vingt-cinq années, qui semble consacrée tout entière à l'étude de la science, tant les travaux sont nombreux, Savigny a cependant rempli les fonctions les plus multipliées. Membre du Sénat universitaire, à ce titre chargé d'attributions administratives assez compliquées, membre du tribunal supérieur (*Spruch Collegium*) que forment en certaines circonstances les universités ; du Conseil d'état depuis 1817, de la Cour de révision et de cassation, depuis 1819, professeur infatigable et donnant tous les jours deux ou trois heures de leçons, associé actif de toutes les Académies de l'Europe, en correspondance avec tout ce que l'Allemagne, la France, l'Italie, la Belgique comptent de jurisconsultes distingués, M. de Savigny, grâce à la modération de sa vie, à l'ordre qui préside à toutes ses actions, suffit depuis vingt ans à ces occupations multipliées, sans avoir cessé un instant de se tenir à la tête de la science, par ses travaux particuliers.

En 1825, une maladie nerveuse, dont il souffrait depuis plusieurs années, l'obligea de chercher, sous un climat plus doux, un remède à d'intolérables douleurs : il passa en Lombardie l'hiver de 1825, et l'année suivante, il visita Rome, Naples, et Florence. Quoique sa santé lui interdît toute occupation sérieuse, il étudia néanmoins les universités italiennes ; et du journal de son voyage, j'extrais les réflexions suivantes, que leur justesse et leur profondeur ne rendront pas sans intérêt pour le lecteur :

« Si l'on croyait les récits de quelques voya-
« geurs, on se persuaderait que l'état intellectuel
« de l'Italie est compromis sans retour ; mais à
« considérer ce pays sans préoccupation, sans

« préjugés, on sera bientôt amené à une conclusion
« toute différente. L'Italie est encore aujourd'hui
« cette nation richement douée pour la science, qui
« fut autrefois à la tête du mouvement intellectuel
« de l'Europe ; les qualités qui lui donnaient le
« prix de la civilisation, ne sont point mortes, quel-
« que assoupies qu'elles puissent être ; si d'en haut
« on voulait tendre à ce beau pays une main amie,
« l'Italie se relèverait, digne de son glorieux passé,
« et reprendrait bientôt un rang qu'elle ne céde-
« rait à aucune de ses rivales. »

Malheureusement, il s'en faut de beaucoup qu'en
Italie le gouvernement seconde les progrès de la
science ; tout au contraire, il semble se donner
pour mission de décourager les travaux sérieux,
qui réveilleraient l'esprit national ; aussi, arrivé à
Bologne, M. de Savigny ne peut s'empêcher de faire
la réflexion suivante. « C'est ici qu'il y a peu
« d'années, enseignait G. Rossi, qui par l'origina-
« lité du génie et l'étendue des connaissances est
« certainement le premier des jurisconsultes Ita-
« liens vivants. Aujourd'hui il est à Genève où on
« le tient en singulière estime, et où, le premier,
« depuis Jacques Godefroy, il a su éveiller un
« puissant intérêt pour la jurisprudence. »

De retour à Berlin, en 1829, M. de Savigny prit
une part de plus en plus active au Conseil d'état ;
sa parfaite connaissance des législations anciennes
et modernes, la prudence et la sagesse de son esprit,
la modération de ses idées, la fermeté de son conseil, lui assuraient une légitime influence ; ses

collégues , d'ailleurs , étaient pour la plupart ou des hommes pénétrés des doctrines de l'école historique, ou d'anciens disciples , parmi lesquels, et au premier rang, pour l'étendue de l'esprit et des connaissances , figurait le prince royal, aujourd'hui régnant. Guillaume III avait reçu en effet, vers 1814, des leçons de M. de Savigny, et ces leçons n'ont pas fait une médiocre impression sur le prince , ainsi qu'on en peut juger par les paroles politiques prononcées lors de son avènement.

Ainsi, par une fortune bien rare, il a été donné à M. de Savigny de voir ses idées triompher, non seulement dans l'enceinte des universités , mais encore dans les plus hautes sphères de la politique; et l'on peut dire, sans témérité, qu'aujourd'hui en Prusse, l'administration tout entière est sous l'empire des doctrines de l'école historique. Respect des droits du passé, amélioration sage et prudente du présent; cette devise de l'école historique, est aussi celle du gouvernement prussien; et peut-être est-ce le secret de sa force et de son ascendant.

Il semble qu'après un aussi éclatant triomphe, la carrière scientifique de M. de Savigny fut terminée, et qu'il n'eut plus qu'à se reposer dans sa gloire; rien ne lui manquait, ni la réputation , ni la fortune, ni les hautes positions, ni l'admiration et le concours d'une jeunesse qui se presse aux leçons de cet infatigable apôtre; cependant, c'est au milieu de ce succès, que M. de Savigny, loin de s'arrêter, est entré avec détermination dans une carrière nouvelle.

Mêlé à la direction du gouvernement (car le Conseil d'état en Prusse joue presque le rôle de notre Conseil d'état sous l'empire), M. de Savigny envisagea la jurisprudence sous un aspect nouveau. Pour un penseur, pour un jurisconsulte surtout, rien ne vaut l'habitude des grandes affaires ; et qui ne s'est point mêlé à cette pratique, sera toujours, quoi qu'il fasse, un savant incomplet. En prenant part aux discussions législatives, Savigny comprit ce qu'il y avait de trop absolu dans sa théorie, et combien, sous l'empire des idées du *laissez faire* et du *laissez passer*, il avait attribué à l'état une influence trop secondaire, sur le développement de la législation. Sans doute, le passé est un élément considérable de toute législation, et qui veut rompre avec lui, est un insensé qui ressemble aux enfants d'Esope commençant l'édifice par le faîte ; mais l'action directe du législateur, comme l'action philosophique de l'écrivain et du jurisconsulte, sont grandes aussi ; et j'oserais dire que plus la civilisation augmente, plus les idées gagnent avec rapidité, et plus aussi cette action du philosophe politique ou du législateur rivalise avec l'action lente de la coutume. Aujourd'hui le rôle du préteur ne convient plus à nos législateurs ; il ne suffit plus de déblayer les voies de la jurisprudence, d'écarter les obstacles qui l'embarrassent ou la gênent, de façon à la laisser en quelque manière se frayer elle-même un chemin ; il faut étudier, préparer cette direction future. La place du législateur est non plus en arrière de la jurisprudence comme à Rome, mais à côté et même en tête. Il en est de l'âge mûr des nations comme de l'âge mûr des hommes; la raison y prend sur leur esprit la place que dans l'enfance tenaient l'exemple et l'autorité. Le problème est donc aujourd'hui d'assurer une direction bienfaisante à l'influence supérieure de l'Etat; car cette influence, on ne peut plus la nier. M. de Savigny l'a reconnu avec une franchise qui lui a presque valu le reproche de renoncer à ses premières doctrines; ce reproche eût été bien mal fondé. Il y a chez M. de Savigny, non point abjuration de ses anciennes opinions, mais bien, au contraire, progrès et développement naturel de ces mêmes idées. Pour un observateur attentif, le livre nouveau de M. de Savigny est en germe dans sa célèbre déclaration de principes. Le *système du droit romain*, n'est que la réalisation du plan tracé dans l'écrit de 1814.

Aujourd'hui, après avoir épuisé les travaux d'érudition, après être remonté jusqu'aux premières racines des institutions civiles, la jurisprudence Allemande, est évidemment appelée à une vocation plus immédiatement utile. La science pure a terminé sa révolution; il est temps que, par un progrès nouveau, elle se réalise et prenne possession des affaires; en d'autres termes, le moment est venu où la théorie et la pratique doivent s'identifier et se confondre. Ces deux faces d'une même science ne peuvent rester séparées plus longtemps sans mutiler la science même, car là où la

distinction est absolue, et ceci n'a pas lieu seulement en Allemagne, la théorie devient un jeu
d'esprit, et la pratique un métier.

Réconcilier, bien plus, identifier la pratique et
la théorie, tel fut le but nouveau que se proposa
l'activité de M. de Savigny ; et devant ce labeur
immense, il n'a point reculé, malgré son âge,
malgré ses nombreuses occupations. C'est à cette
œuvre qu'il a consacré ce qui lui reste de force et
de vie. Ce résumé d'un demi-siècle de travail et de
professorat non interrompus, sera le testament de
son génie ; ce sera en même temps la conclusion du
grand débat qui, pendant 25 ans, agita la science en
Allemagne. Et, en effet, lorsqu'on aura débarrassé
la doctrine des inutiles rêveries qui la surchargent,
lorsqu'on aura délivré la pratique des erreurs in-
troduites par l'ignorance ou la routine, quand on
aura fait la part de chacun des éléments dont se
compose la législation germanique, quand on aura
éclairé les origines et la génération mystérieuse
de la jurisprudence, quand chaque doctrine sera
claire, précise, et que la controverse ne portera
plus sur le fond même de la théorie, mais seulement sur ses applications, que restera-t-il à faire
au législateur, sinon de fixer par sa toute-puissante
volonté et d'ériger en loi, le résultat obtenu par la
science? Mais cette consécration des doctrines, qu'on
le remarque bien, c'est un Code tel que Thibaut l'eût
admis, tel que M. de Savigny ne le refuserait pas
aujourd'hui.

L'ouvrage commencé au printemps de 1855,

M. de Savigny écrivit d'une haleine les quatre premiers volumes du *système de Droit romain* (1) ; cinq sont aujourd'hui publiés. Il est difficile de prononcer sur le plan de l'ouvrage, avant de le considérer dans son ensemble, mais l'idée dominante est prise de haut, et révèle un progrès dans l'esprit de l'auteur.

Pour réconcilier la pratique et la théorie, nous dit M. de Savigny, il faut émanciper la pratique des doctrines routinières qui l'embarrassent, en même temps délivrer la théorie de tous ces systèmes sans base et sans utilité qui ont souvent dénaturé les plus saines idées. Ramenées à leurs éléments essentiels, la pratique et la théorie doivent s'identifier, car leur point de départ est le même, et la séparation n'est qu'artificielle. Mais pour déterminer ces éléments essentiels, que faut-il faire ? Prendre toutes les institutions à la racine, une par une ; de cet état primitif, les suivre dans leur développement successif, les débarrasser de toutes les entraves parasites qui les gênent, observer comment elles se sont modifiées sous l'influence raisonnable des intérêts nouveaux, et déterminer exactement la sphère pratique dans laquelle chacune de ces institutions doit aujourd'hui se mouvoir.

-----

(1) Nous devons à M. Guénoux une traduction des deux premiers volumes faite sous les yeux de l'auteur, qui, tout vieilli qu'il soit dans la science, n'attend pas sans émotion le jugement que porteront de son livre les jurisconsultes français.

Le plus beau champ pour une semblable étude, est ce qu'on nomme en Allemagne, *le Droit romain d'aujourd'hui*, c'est-à-dire ce fond commun de théories et d'usages, emprunté des lois romaines, et modifié par la pratique des tribunaux, qui a fait pendant plusieurs siècles la législation principale de l'Allemagne ; législation qui règne encore aujourd'hui dans les pays qui n'ont point de code particulier, et qui, dans ceux même qui ont adopté un code, forme de fait le fond de la législation, puisque ces codes, comme le nôtre, n'ont été pour la plus grande part que la consécration légale de l'ancienne jurisprudence, elle-même empruntée des doctrines romaines.

Ce livre s'adresse donc à la fois aux praticiens et aux théoriciens de tous pays, au jurisconsulte comme au législateur, comme au philosophe politique. Ces doctrines qui, chaque jour, retentissent dans les tribunaux, qui se défendent par des principes que vous croyez empruntés de la *raison écrite*, et qui peut-être ne sont qu'une rêverie de jurisconsulte, voulez-vous savoir quelle est leur généalogie, par quel milieu elles ont passé, de quelles empreintes chaque siècle les a marquées ; voulez-vous connaître à quelle distance vous êtes des idées romaines, et comment l'esprit germanique, la pratique, ou la philosophie ont transformé sous un même nom une doctrine qui n'est plus aujourd'hui ce qu'elle était à l'origine, prenez l'ouvrage de Savigny, refaites avec lui ce chemin dont il vous a sauvé l'ennui. Quand vous aurez remonté la pente des siècles, vous verrez à votre retour avec quelle assurance vous avancerez sur ce terrain déblayé, sans que jamais les théories d'un siècle viennent usurper sur les doctrines d'un autre, sans que sous le nom de *Droit romain*, de *Droit des gens*, de *Droit naturel*, on vienne tous les jours encombrer le chemin de maximes prétendues incontestables, et qui ne peuvent cependant se défendre que par la longueur d'une possession usurpée ; alors vous apprendrez à ne plus considérer le droit comme un absolu qui ne peut varier, mais comme une application du juste et de l'utile, qui se modifie à chaque époque sous l'influence des besoins et des idées ; alors aussi, quand on parlera de toucher au Code, vous ne vous effraierez plus de ces changements, qui ne sont dangereux qu'en des mains malhabiles, car vous saurez de quoi se compose cet héritage légal reçu de vos pères ; vous saurez quelle part est à répudier, et quelle à faire valoir ; vous marcherez avec assurance, sans innover inutilement, mais aussi sans craindre une réforme, car vous connaîtrez d'avance le point de départ, le chemin et le but.

Chose remarquable qu'après quarante ans d'études un noble esprit en soit arrivé par le développement naturel de sa pensée à cette réhabilitation de la pratique, à cette union de la science et de l'art, point sublime où étaient arrivés les jurisconsultes romains, qui seront à cet égard nos éternels modèles. Et à mesure que M. de Savigny se rapproche par les idées des jurisconsultes romains, comme il semble que ses paroles empruntent quelque chose de leur forme rigide ! Plus de recherches d'antiquités, plus de citations littéraires, une grande sobriété d'érudition, la pensée dans toute sa sévérité ; c'est l'œuvre d'un homme qui écrit au soir de la vie, et qui ne veut pas perdre le temps qui lui reste en recherches curieuses.

Ce livre, qui intéresse tous les amis de la jurisprudence, sera certainement, s'il se termine, l'œuvre la plus considérable que la science ait produit depuis Domat et Pothier. Aussi devons-nous tous faire des vœux ardents pour que le ciel conserve une si belle vie, et qu'il soit donné à M. de Savigny de mener à bonne fin cette entreprise, dont la pensée seule serait un titre à l'immortalité. Heureusement tout porte à croire qu'il sera donné à la science de conserver longtemps encore son plus digne représentant. Quoique âgé de soixante-deux ans, M. de Savigny peut se promettre encore une longue carrière, car il a conservé toute la force d'esprit et de corps d'un homme de quarante ans : les années n'ont point courbé cette taille élevée, et de l'âge, sa figure n'a pris que la majesté. Rien ne saurait rendre ce qu'il y a de jeune et d'animé dans ce noble regard ; rien ne peut exprimer le charme et la fraîcheur de sa conversation. Sa parole, lente en commençant, s'anime graduellement ; ce n'est point l'éloquence inquiète et convulsive d'un rhéteur, c'est la parole d'un homme de bien, c'est l'éloquence qui vient de l'ame et

qui fait pénétrer dans votre cœur la conviction
profonde de celui qui parle. Quand M. de Savigny
revient à ses études favorites, quand il vous montre les trésors de sa bibliothèque, quand il parle de
ses chères universités ou de quelque disciple favori, quand il défend ses doctrines, sa parole
s'élève et prend un accent inaccoutumé. On voit
que sa vie s'est écoulée dans ces paisibles jouis-
sances, et que nul orage n'a troublé la sérénité de
cette ame constante. Tout ce qui touche à la
science l'intéresse, et quelle que soit la patrie d'un
savant, ce savant est chez lui le bienvenu et presqu'un ami. Devant ce dévoûment à la science sont
bien tombées les antipathies et les haines qu'a-
vaient soulevées les guerres de l'empire; M. de
Savigny rend aujourd'hui complète justice à nos
praticiens, qu'il propose pour modèles à l'Allemagne. Législateur lui-même, il a étudié de plus
près, et dans son enfantement, ce Code, qui est le
chef-d'œuvre politique du siècle, et il y a quelques années quand, par un mauvais emprunt des
lois françaises, on proposa d'introduire en Prusse
la mort civile, ce fut le discours du premier Consul
à la main que Savigny empêcha l'établissement
d'une institution qu'un jour ou l'autre nous raie-
rons de nos lois.

Nul plus que lui n'applaudit aux efforts tentés
en France dans ces dernières années pour réhabi-
liter l'étude de l'histoire dans la jurisprudence; il
voit même dans l'institution de nos Codes, une
garantie de succès pour de semblables recherches

car les Codes en ne laissant à ces études qu'un intérêt purement historique, leur assurent, par cela même, un détachement des idées de la pratique dont autrement les plus excellents esprits ne se dégagent jamais qu'imparfaitement. Mais surtout, comme cet excellent homme applaudissait aux tentatives essayées en France pour relever l'enseignement du droit et le rapprocher de la situation brillante des universités allemandes ! Avec quel intérêt ne lui avons-nous pas vu suivre les dernières réformes de M. Cousin, réformes malheureusement demeurées incomplètes, mais qui faisaient partie d'un vaste ensemble, et qui eussent donné à la France, sinon le système des universités d'Allemagne, du moins ce que la France peut emprunter de bon et d'utile à ses voisins, sans cesser de s'appartenir.

Pour nous, qui avons eu le bonheur d'approcher M. de Savigny, et qui avons vu de près les trésors de ce grand esprit, nous n'avons pu nous défendre d'un étonnement secret en présence de cette simplicité majestueuse, de cette modération si forte, de cette confiance en la science comme en une seconde religion. De ce cabinet où toute la génération nouvelle est venue chercher des inspirations ou des conseils, nous sommes sortis plus forts, plus courageux, plus dévoués à la science, nous appliquant ces paroles que M. de Savigny dit avec trop de modestie de lui-même, mais qui vont bien à l'humilité d'un novice :

« Travaillons avec courage, dussions-nous être
« oubliés. L'œuvre de chaque homme est périssable

« comme est sa vie ; mais l'idée qui se transmet
« de siècle en siècle, et qui fait de nous tous qui
« travaillons avec amour et constance, une com-
« munauté perpétuelle, cette idée est impérissable,
« et c'est en elle que se perpétue et s'immortalise
« le tribut le plus faible du plus obscur ouvrier. »

FIN.

IMP. D'HIPPOLYTE TILLIARD, RUE S.-HYACINTHE-S.-MICHEL, 30.